# 子どもが見えてくる
# 実践の記録

竹沢 清

目次

# 序　子どもの事実に励まされて、親になったり、教師になったりする

## ――子育て・保育・教育の要は、人間についての洞察

### ◆「ノー学校」に赴任

「ノー学校」

大学四年の三月、私は、電話で、赴任先をそう聞きました。てっきり、「農業高校」だ、と思いました。経済学部を卒業して、高校の社会科教員になる、と思い込んでいたからです。

「ろう学校」、と知り、ぼう然としました。思いもよらなかったからです。

校長さんが、「三年しんぼうしたら、高校に出してやる」と言いました。（三年のしんぼ

うか）、と思っているうちに、ついに、三六年、ろう学校ですごしてしまいました。

途中で変わることもできました。

（なぜ、三六年も、障害児教育に携わることになったのか）

一言で言えば、「人間のめんどうくささのなかに、おもしろさを見つけた」と言ったらいいでしょうか。

近頃私は、子育て・実践の要は、人間についての洞察だ、と思っています。

この本の表テーマは「実践記録の書き方」ですが、裏テーマは、「子どもをどうとらえるか」です。

## ◆「出たとこ勝負」の陽一が、「見えてくる」とき

陽一は、「やらんでもいいこと」を次々とやってのける子だった（聴覚障害・知的障害、小三）。

中庭に、コスモスの芽が出る。すると、一個一個踏んで家に帰っていく…。かき氷を教室で作って食べたときのこと。かりた道具と紙コップを洗って、職員室に返しにいった。

私が、その先生の机の上に、道具を置き、紙コップを置いた。そのとたん、横にいた彼が

手を伸ばし、クシャ、とつぶす――。

（ええっ、さっきまで、二人で洗ったのは何だったんだ…）

本当に、「やらんでもいいこと」を次々とやってのける。（これは、いったい何なんだ）、と私は、ずっと考え続けていました。

そして、ある日、勅使千鶴著『子どもの発達とあそびの指導』（ひとなる書房）に出会いました。

ごっこ遊びができる前の子どもは、「物に誘発されて行動する。つまり目の前にはしごがあればよじ登るし、鈴があれば鈴を鳴らす」。

見通しが遠くまでもてない子は、さしあたって、目の前のことに反応してしまう、ということなのです。

彼は、かくれんぼをしても、すぐに出てきてしまう。だが、ある日、体育館でのかくれんぼのとき、ずっと隠れ続けていた。他の先生が、彼をとび箱の中に隠したのだった。

私が、「陽一はどこかなぁ、陽一はどこかなぁ」と、いかにも困ったようすで、カーテンのすそなどをさがしまくる。

彼は、とび箱の中で、クククッと笑っている。とび箱というのは、なかなかのすぐれ物。わが身を隠して、外はまる見え。困っている私のようすが手にとるように見えるから、彼

ダンボールの「タ・ケ・ザ・ワ〜」と記念撮影

は、おもしろくてたまらない——陽一もまた、とび箱という支えさえあれば、長続きする子だったのだ。

## ◆「あやしい世界」で遊ぶ

陽一を小三のときに担任し、小六のとき、久しぶりに受けもった。もう、「出たとこ勝負」の彼ではなくなっていた。

給食を食べる。彼がカレーシチューを、スプーンですくう。すると、玉ねぎがひっかかってくる。これを見て彼は、ニッと笑って言う。「タ・ケ・ザ・ワ〜」。玉ねぎの、この丸みをおびた傾斜といい、色つやといい、竹沢のハゲ頭にそっくりだ、と言うのだ。

運動場に行く。すみにある椿の葉っぱをちぎって、ニタッと笑う。「タ・ケ・ザ・ワ〜」。葉っぱの傾斜といい、テカテカした光沢といい、これも、「タケザワ」だ、と言う。

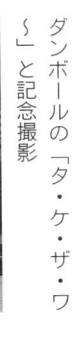

京都へ修学旅行に行ったときのこと。

新幹線で、京都駅で降りる直前。彼が、ふっと立ちあがったら、なんと、この車輌に、四つのタケザワがあった。「タケザワ〜、タケザワ〜、タケザワ〜、タケザワ〜」と、一つひとつ数えてから降りた。ホームに降り立ってからも、「タケザワ〜、バイバーイ」と動き出した列車にむかって手を振っている。

「見立て・つもり行動」がとれるようになったら、もう出たとこ勝負ではなくなっていたのです。玉ねぎを見ても竹沢を思い、葉っぱを見ても竹沢を思う…。イメージをとばすことができたら、もう出たとこ勝負ではなくなるのです。

「まじめ一筋」だった私が、こうした子どもと「あやしい世界で遊べる」――そんな新しい自分に出会えたことがうれしいのです。

## ◆子どもにかかわる、すべての人に読んでほしい

この本は、何よりも、「いい教師・保育士になりたい」とねがう方々に読んでいただきたい、と思って書きました。

そして、子育てに憂いと悩みを抱えておられるお母さん・お父さんにも読んでいただけたら、と思います。

「子どもがわかるとは、その子のねがいがわかること」――そこに、実践の記録を書くことから迫ってみました。

第一章では、「実践の記録を、どのように書くのか」を、記録をまとめる節々（「事実の切り取り」「構想化」など）にそって、記述しました（『みんなのねがい』二〇〇四年四月～九月号に連載したものです）。

第二章では、「私の実践記録」そのものと、それを書いていった過程を示してみました。実践記録は、『生活教育』（日本生活教育連盟発行）に発表した「ハトを手乗りにした俊作」（二〇〇二年一一月号）と「〝天敵〟がかけがえのない友になる時」（二〇〇四年五月号）を再構成しました。「私の実践記録の書き方」は今回の書き下しです。この章は、第一章の総論をうけての「応用編・実例編」のつもりです。

第三章では、第一章で書き残した「実践記録をめぐる諸問題」を、Q&A形式で書きました。ここでは、具体的な事例や、私の個人的な経験を交えることで、たんなる概論に陥らないよう努めてみました。読み物として読んでいただけたら、とも思います。

今回、解説を中野光先生に書いていただきました。日本子どもを守る会の会長や日本生活教育連盟の委員長等の重責を担われ、ご多忙な先生に、ご無理なお願いをしてしまいました。

けれども、ご快諾のうえ、過分な解説を寄せていただき、身のひきしまる思いです。新任の頃から、先生の包み込むようなまなざしのもとで、実践報告をしてきた私にとって、光栄、というより他ありません。いっそう精進につとめます。心からお礼申し上げます。

また、ゆうやけ子どもクラブ（東京・障害のある子どもを対象にした放課後活動を行う民間の通所施設）と村岡真治さん（同代表）には、子どもたちの写真・手記で、お力添えいただきました。

全障研の児嶋さん・圓尾さんはじめ、皆様には、連載から出版まで、お世話になりました。

多くの方々の支えによって、一冊の本が出版できました。ありがとうございました。

二〇〇五年　三月三一日
（一九四七年のこの日、教育基本法が公布されたことを思い起こしつつ）

第１章

# 綴ることで見えてくる子どもの内面世界

# 1　（どう表現しようか）、と思い悩むなかで子ども認識が深まっていく

## ◆長々しい年賀状

私は毎年、長々しい年賀状を出します。二〇〇三年は、こんな内容でした。

迎春
聴覚障害・自閉性障害の俊作は、小一の運動会のとき、音楽がかかるたびに、グランドに額を打ちつけていた。血がにじむほどに。「思うにまかせない」とき、彼は、補聴器を投げすて、鼻をひっかいて、わざと血を出していた。母親が、（いっそ運動

会が中止になればいい)、と思うほどであった。

その彼が、小六の今、運動会の最終種目、赤白リレーで、通常学級(ろう学校の)も交えた白組のアンカーとして走ろうとしていた。

私は、「最悪の事態」を懸念して、身を固くしていた。今は、一点差で白が勝っている。だが、得点二点のリレーで負け、総合でひっくり返される——。これに俊作は耐え切れるだろうか。

よーい、ドン。一年、二年…五年と、白組は二、三メートルのリードで、俊作にバトンタッチした。

(ああっ、ぬかされる)。何しろ、赤のアンカーは、通常学級の幸夫、児童会長をつとめるほどの子だ。

だが俊作は、練習でも見せたことのない勢いで、懸命に逃げる。自閉の彼が、二度三度と、後ろをふりむき、他者を意識しながら走る。会場が歓声に包まれる。

俊作がゴールに飛び込む。

「勝った!」

私は彼の頭を抱きかかえた。小一の彼を知る誰が、今日の姿を予測しえただろうか。

(これは、白組の勝利などではない。これまでの教育の勝利だ)

二日後、母親から、「感激と感動をたっぷりと味わわせてもらった最高の一日でした」との文が届いた。

——こんな子どもたちに励まされての日々をすごしています。

二〇〇三年　元旦

「字ばかり。年賀状らしいのは、〝迎春〟と〝元旦〟だけ…」と言われたりしています。けれども、私は、年賀状を、その年、もっとも印象に残ったできごとは何か、を振り返る一つの機会にしたい、と考えているのです。

いわば、「その年最後の実践記録」のつもりなのです。

## ◆書くことで実践の主体者に

ところで、「書くことのしんどさ」を言いつつ、なぜ私たちは、実践記録を書こうとするのでしょうか。

私の親しかった友人、本荘正美さん（故人）が、かつて、『新たな自分に出会うとき——実践記録を書く』（新読書社）という本を出版しました。

内容は、実践記録の書き方そのものなのに、なぜ、『新たな自分と出会うとき』という題をつけたのか、一瞬、意外な思いがしたものです。けれども、すぐに納得しました。私たちが、実践記録を書くのは、実は、「新しい自分に出会う」ためなのです。私のことばで言えば、「書くことをとおして、実践の主体者になる」、と言っていいでしょうか。

実践記録を書く、一番の理由は、何よりも、「自分のため」です。もう一つは、「私たちのため」です。書かれた実践記録をもとに、集団で検討し、実践を科学化し、原則をひき出すなど、実践を共有化し、私たちの「共通の財産」にするためです。

## ◆「教師の生活綴方」

実践記録を書くことの「意義」と「書き方」の両方を、一挙に解き明かしてくれるのは、「実践記録は、教師の生活綴方」（勝田守一氏）ということばです。

実践をまとめたり、表現したりする手段はビデオや写真など、さまざまなものがあるのに、なぜ、とりたてて、書くこと・綴ることなのでしょうか。子どもたちとの実践史の中で、「生活綴方」が大切にされてきた理由をたずねることで明らかになります。

「話しことば」は、表情や身ぶりなど、ことば以外の助けをかりて、伝えることができます。また、話の途中で、相手が、けげんな顔つきをすれば、ことばをつぎ足したり、軌道修正したりすることも可能です。一方、「書きことば」は、文字だけで伝えねばならないし、しかも、相手から疑問が出ると予測されるならば、それへの解答も、前もって組み込みながら、記述せざるをえません。

それだけ書きことばは、「事実とことば」との結びつきが、より厳密に求められるわけです。こうしたことを、小川太郎氏は、「書くことは表現の抵抗にかつことであり、その過程で書く主体の認識におけるリアリズムがきたえられる」と書いています（『小川太郎教育学著作集第三巻』青木書店）。

（わかっているつもりだったのに、書こうとしたら、よくわかっていなかったことに気づいた）、（書いてみて、改めて実践の整理ができた）。実践をまとめた人は誰も、こんな体験があるのではないでしょうか。

無数にある教育的事実の中から、書くことをとおして、何を値打ちあるものとして、切り取るのか――これは、子どもたちに、綴らせることをとおして、「生活や人間を見る眼を育てよう」とすることと、共通のものです。

ちなみに、ビデオ（写真も含め）についてふれておきます。ビデオは、実践を改めて検討する折には、きわめて有効です。当事者でさえ（あるいは、当事者であるがゆえに）、見落としていたことを目の前で再現してくれるからです。

ただ、ビデオでは、「実践者の意図」や「子どもの気持ちの動き」をあらわすことは困難です。ましてや、まさに子どもに働きかけている決定的な瞬間を、当の本人が撮影することはできません。

冒頭の、俊作の運動会のビデオ――これを見ても、私が、俊作がゴールに走り込んできた、あの瞬間に思った、(これは白組の勝利などではない。これまでの教育の勝利だ)、との、こみあげるような思いは、伝わってきません。実践者の内面、子どもの心の動きは、文章でこそ、的確に、かつ深くあらわすことができます。

陽一の紙芝居

## ◆事実で書く

「生活綴方」ということばから導き出される、もう一つの示唆は、「書き方」にかかわってです。これも、子どもたちへの指導にひきよせてみることで、明らかになります。

もし子どもが、作文で、「うれしい」「かなしい」など、むき出しのことばで書いてきたら、たいてい私たちは、「そのとき、お母さんは、どんな顔をしていた?」などとたずねながら、事実やようすで書くように指導するでしょう。それと同じことを、教師である私たちが、自分自身に課するのです。

この、「事実で語る」「ようすであらわす」ということを、少し補足します。

私は人に、子どもの例を挙げて話しをするとき、心掛けていることがあります。子どもの名前を言ったあと、「なるべく早く」、その子のイメージが結べるような場面を切り取って、提示するのです。「多動の茂」、と言ったあと、すぐに、こうつけ加えるのです。

「お母さんと、ボーリング場へ行ったんですって。そのとき彼は、直接ピンを倒そうと思って、レーンの上を走っていった。でも、途中で転んで、後ろを見た。お母さんが、オイデと呼んで、ことなきを得た…」

あるいは、「やらんでもいいことをやる陽一」のときは、「この子は、中庭に、コスモスの芽が出ると、一個一個踏んで家に帰るんです」と。

「多動」や「やらんでもいいことをやる子」ということばだけで、〝説明する〟のではなく、その子の像が浮かんでくるような、〝典型的な〟事実・場面を語ることで、話し手と聞き手が同じ土俵で考え合うことができたら、と願うからです。

実は、この、どの事実を語れば、もっともこの子をあらわすのにふさわしいのか、と逡巡し、行きつ戻りつすること自体が、子どもを見る眼を鍛えてくれるのです。

表現をとおして、私たちの子ども認識が深まっていく——そうなれば、実践記録は、まさに「教師の生活綴方」です。

## ◆この喜びを伝えたい

実践記録の意義ということで、少し大上段に構えた言い方をしてしまいました。

私の言いたいことは、それほどたいそうなことではないのです。私が、〈実践記録を書きたい〉、と思うのは、何よりも、〈俊作がこんなにも変わった！〉という喜びを伝えたいからなのです。そして、〈人間って、いいな〉との思いを、多くの方々と共有できたら、と願うのです。その結果、〈自分もすてたものじゃない〉、と自分の営みを肯定できれば、こんなにうれしいことはありません。

子どもの事実に励まされて、私たちは教師になっていく。そのことを、実践記録をとおして、確かめ合いたいのです。

＊

ここまでは、総論として、急ぎ足で書き進めてきました。以降この章では、「綴るべき、値打ちある事実とは何か」、「事実をどう意味づけるか」、「読んでもらえる実践記録にするための工夫」など、実践記録を書くときのポイントを、実例を交えながら展開します。

## 2 「私は——」という主語を入れて、文章を書いていく

### ◆「子どもが見えてくる」実践記録を

（いいなぁ）、と思える実践記録は、「子どもの姿が見えてくる」実践記録です。「思いの伝わる・わかりやすい」実践記録とは何か、を実例をもとに考えてみます。

以下、福井和子さん（仮名）の最初の文章と、書き換えた文章です。

## 問題行動をどうとらえたらいいのか

福井和子

**〈はじめに〉**

この一年、由美ちゃん（養護学校中一）の起こすいろいろな問題行動に直面するたびに、ため息をつき、指導の方向をつかめないままに対処してきたのが実状です。

**〈生育歴と家族状況〉**

右片マヒ、てんかん。出産は正常で、一歳の時ひきつけを起こした。就学前は地元の幼稚園に入った。会社員の父と母、妹の四人家族。

**〈学習状況〉**

学力としては、小一、二程度の力は持っているが、計算問題や漢字の練習などの機械的な学習を好み、応用する力が弱い。

**〈学校生活〉**

動物や草花が好きで、家で飼っている犬の話をよくする。

**〈家でのようす〉**

家では留守番が多い。母親は妹のけいこごとの送迎や買い物に出かけるため。犬には食事ごとに会いに行く。
※この後、〈問題行動のようす〉〈今までの対処〉と続きますが、後の「書き換え文」と重なるので省きます。

## 由美の眼に涙が…――「問題児」が心ひらくとき

福井和子

〈物を投げる・人をたたく〉
○月○日　裕一のノートをゴミ箱に捨てる（休み時間）
○月○日　千織の写真をビリビリに破る（休み時間）
○月○日　ビニール製のバットで突然たたく（休み時間）

この一年、由美の起こすいろいろな問題行動に直面するたびにため息をつき、指導の方向をつかめないままに対処してきた。

由美の問題行動には、特徴があった。

「同学年の生徒に」、「教師のいない時」、「自分より弱い子を、限度なくたたく」など、である。

私たちは、「説教をする」、「同じことをして、痛さを味わわせる」などの形で対処してきた。しかし、対症療法でしかなかったようだ。

## 〈由美のさびしさに共感〉

私は改めて、由美の学校生活のありさまを思い浮かべてみた。

「授業中は、自分から話すことは少なく、休み時間には、大きな声が出る」。けれども、「人と顔をあわすと、〝恥ずかしい〟といって逃げる」など、彼女の「人に働きかけていく力」が、いかに弱いかが見えてきた。

由美は、「仲良くなりたい」と思いつつも、力が不十分で、かかわっていけば問題をおこす……これが、休み時間に「事件」が集中している理由ではないか。

由美は片マヒで、一定に動ける。だから、他の子にも働きかけてはきた。だがそれは、「自分の思い」だけで働きかけてきたようだ。

こうした由美には、後追い的な対処ではなく、「人と人とがかかわっていく」活動を組織していくことが大切だった。

由美は、家では、一人で留守番をしていて、眠ってしまうことが多い、という。学校では友だちとうまくかかわれず、家庭でも犬を相手にしている由美…。私は胸がしめつけられそうだった。

私は前に、由美は動物や花が好きだ、といった。しかし、そうではなかった。由美は、人とうまくかかわれないから、動物や花とかかわっていかざるをえなかった…。


〈本気で怒る正夫〉


体育（ゴロバレー）のとき、由美は、相手チームからのボールを、力まかせにレシーブし、コートの外に出してしまっていた。ニタニタ笑いながら、アウトボールを連発する由美。「由美といっしょのチームにはなりたくない」という生徒たち。由美は次第に孤立していった。

そこで教師が中心になって話し合いをさせた。

「一番目のレシーブはさせないほうがいい」、「やさしくレシーブするよう声をかけよう」。

しかし、一番目のレシーブに突進して、アウトボールは続いた。とうとう、正夫たちが、「僕たちのチームが負けちゃうぞ」と、本気になって怒りはじめた。

そのとき、由美の眼に涙が…。ケンカしても泣いたことのない由美が、真剣になって怒った友だちに、涙を浮かべて、素直に、自分をあらわしたのだった。

本物の人間同士のかかわりが、ここから始まる、私はそう感じた。

## ◆変化を生み出したもの

「はじめの文」は、羅列的で、経過報告的であるけれども、「書き換えの文」は、福井さんの実践者としての思いが、浮かび上がってくることが読み取れると思います。

では、前と後の文の間には、何があったのでしょうか。

＊

――福井さんは、研究会で、「はじめの文」をもとに、実践報告をしました。参加者の論議は、由美ちゃんの行動（とりわけ問題行動）をどうとらえるかに集中しました。それによって、これまで、バラバラに存在していた事実が、つながって見えてきた。その後に書いたのが、「後の文」なのです。「仲間の力をかりて」「事実の意味づけをした」後に、文が書かれた、というわけです。

もう一つ付け加えるならば、ゴロバレーの場面は、研究会の後の出来事なのです。由美ちゃんへの共感的理解をともなった、一定の仮説をもって行動を見守っていたからこそ、

美香の誕生会

正夫君の怒りと由美ちゃんの涙が、「かけがえのない事実」として、福井さんの眼に焼きつき、文もまた、リアリティあるものになっているのです。

二――私は、福井さんの書き直しにあたって、こんなアドバイスをしました。

「思い切って、福井さんの思いを前に出してみて。そのためには、文のはじめに、『私は』という主語を入れて書いて」と。

一般的に、文章を科学的、客観的なものにするために、「私は」などという単語は入れるべきではない、と言われるでしょう。

けれども私は、あえて、それを入れて書くことを提案したいのです。

この章の1で私は、私たちが綴るのは、綴ることを通して、「実践の主体者になるため」と述べました。

「私は」という主語を入れることによって、その後には、必然的に、「実践者としての私の意図（ねがい）」が記されます。そして、それにもとづく「働きかけ」や「子どもたちの反応」が書かれることになるでしょう。

この「教師の意図―子ども（たち）」とのぶつかり・ズレと克服の過程こそが、実践記録として、書かれるべき中身なのです。ここが、リアルに記されているからこそ、「ゴロバレー」の場面が生き生きと伝わってくるのです。

とは言っても、「私は」と書くことで、文章が〝主観的、恣意的〟になる危険性も生じます。そうならないために、「事実を書く」「事実で語る」ことがいっそう大事になります。独りよがりにならないために、「証拠をあげながら書く」と言ったらいいでしょうか。

## ◆「わかりやすい記録」三つの視点

「わかりやすい」実践記録のためには、次の三つの視点が大切です。

**①――子どもの事実の切り取りが適切であるか**

**②――事実の意味づけが鮮明であるか**

**③――記述が読みやすい表現になっているか**

少し補足します。

①②――実践記録の「わかりやすさ」は、たんに記述のしかただけによるのではありません。「適切な事実の切り取り」や「意味づけの鮮明さ」とも深くかかわっています。

由美ちゃんの、もろもろの事実が、「仲間の力をかりて」、構造的に位置づけられた（意味づけられた）とき、（由美ちゃんのことがわかった！）となったのです。

③――「読みやすい表現」ということで、二つ指摘しておきます。

一つ。「書き換え文」では、由美ちゃんの問題行動が、文章の冒頭にきています。読み手と書き手が、同じ事実から出発して考え合いたいとの意図からです。長い説明が冒頭から続くと、読み手は疲れてしまいます。「なるべく早く、現場につれていく」ことが大切です。

二つ。「はじめの文」と「書き換えの文」の題や小見出しを読みくらべてください。「書き換え文」は、小見出しを見ただけで、後に続く内容がわかるようになっています。「書き換え文」の「読みやすさ」は、こんなところからもきています。

ここに挙げた、三つのすべてを踏まえるのは簡単なことではないかもしれません。けれども、福井さんの文によって、私たちは限りない励ましをうけます。

――「仲間の力をかりて」「角度をもって書き直すことによって」、「わかりやすい」実践記録に近づいていくことができる、と。

# 3　心が動いたとき、その事実を〝すくいあげるようにして〟書き留めておく

## ◆「子どもが見える」とは

材料なしで料理を作ることはできない。実践記録を書くには、子どもの事実が決め手…。

だが問題は、数あるできごとの中から何を「値打ちある事実」として切り取るか、です。

それは実践記録の書き方というより、実践そのものを問う課題でもあります。

私が担任している隼人（ろう学校小一、聴覚障害、多動性障害）のお母さんがある日、連絡帳に「先生は本当によく隼人のことを見ていますね」と書いてくれました。

（何を指して）、と思わずドキッとします。

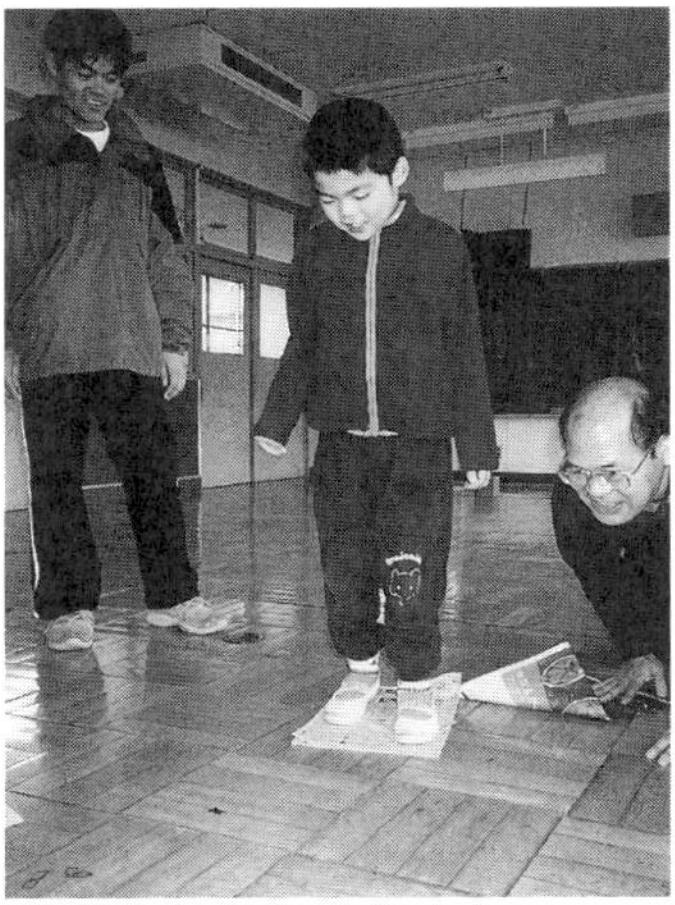

隼人、新聞あそび

昨日のことを思い起こしてみました。

一つには、体力テストがあった。隼人は、登校すると、教室にも寄らずに、運動場へ飛び出していった。私はお母さんに言った。「大丈夫、他の子が体操服を着ているのを見て、きっと戻ってくるから」。

案の定、戻ってきた。

二つめ。給食の準備のとき、隼人が台車（板に車をつけただけのもの）のひもを引っぱって食缶を取りに走っていく。（他の子にぶつかる！）と思って追いかける。だが彼は、もう戻ってくる。台車にやかんだけを乗せ、こぼさぬよう、後ろむきになって、そろそろとひもを引っぱって……。

昨日の連絡帳には、この二つのことを書き、下校の折には、こんな話をしたのでした。

「たしかに、隼人は多動で、飛んでは行く。でも行った先でのようすを見てみると、原因と結果を探る探索的な行動が多い。だから十把一からげで、〝多動〟と言ってしまわない方がいい。本当の隼人の姿が見えなくなるから」

――あらためて、「子どもが見える」とは、こんなことかな、と思うのです。

「（外に表れた行動にのみ目を奪われるのではなく）その子の〝心の動き〟

を読み取ること」「今の子どもの姿の中に、次への〝変化のきざし〟を見つけ出すこと」の二つです。

## ◆「子ども発見」の事実を

よく聞かれます。「先生は、子どもの事実のメモをたくさん取るのですか」。むしろ少ない方でしょう。というのは、私自身は、典型的な子どもの事実とは、「子ども発見の事実」、ととらえているからです。(いつもの隼人とはちがう！)、と思える事実となると、一日にせいぜい一つか二つなのです。

(すごい！)とか、(あれっ、どうしてだろう)と思える場面に出会ったら、それを映像として目に焼きつけておく、あるいは、手元の紙に「やかん、後ろむき」などのメモとして書きつけておく。そして、その日の、保護者との連絡帳に文章として記すのです。私の、「子ども発見の事実」は、最初には、連絡帳に記されることになります。それを数週間分か一ヵ月分まとめてコピーすれば、「私だけの隼人メモ」が手元に残ります。そこから、事実をピックアップして、構想を練る(事実と事実を結び合わせ、意味づける)ことで、実践記録につながっていくわけです。

私が「子どもの事実」と言うとき、二つの要素が含まれます。
①――（先ほどもふれた）**「子どもを変革の可能性においてとらえた」**もの。
②――働きかけのなかで、**「実感的にとらえた」**もの。

## ◆実感から出発する

少し補足します。
①――（この子には、こうなってほしい）と私たちは願います。そんな思いで見守っていると、（あっ、一歩近づいた）、と感じる瞬間が必ずあります。そのとき、その事実を、〝すくいあげるようにして〟記すのです。
隼人が幼稚部の校舎の入口に立ち止まっている。今、幼稚部の子どもたちは、給食のため、別棟に移動していったばかりで、校舎は空っぽ。（校舎に入ってもいいか）、という顔つきで、私をのぞき込む。むろん、（いい）とうなずくと、パァーッと走り込み、大好きなトイレの水を流している。

思いつけば、どこにでも飛び込んでいっていた隼人。それが、いったん立ち止まって、了解を求める、（それってすごい！）と私は心に刻むのです。

②――次の二つの記述は、両方とも私のことです。「身長一六六センチ、体重六九キロ、子ども三人」、「講演の前に、演台の花を横にやり、話しはじめると上着を脱ぎ、ネクタイをはずす」。

前者はたんなるデータにしかすぎません。データでは、人間像が浮かんできません。客観的な文を、と思うあまり、つい、「ＩＱ」「△ヵ月で首がすわった」などのデータをあげ、それで子どもを語っているか、のような錯覚に陥りがちです。

たしかに、実感などと言えばたよりなげに聞こえます。けれども、実感・直感というのは、自分のこれまでの学習と経験の集積のうえに立っての、瞬間的な判断（ひらめき）のはずです。「自分の心が動いた！」というのは、ことばではすぐにうまく言えないかもしれないけれど、そこには大切なものが含まれている、と思ったからに他なりません。私たちは、もっと自分の実感（働きかけのなかでつかんだ子ども理解）に自信をもち、そこから出発したいと思うのです。

もっとも、実感だけに満足するのではなく、それをよりどころに、「こだわり」続けるのです。

（この「小さな変化」はなぜ起きたのか）、（この事実に、私が心を動かしたのはなぜか）……一つひとつの事実に「こだわり」、それとこれまでのできごと・他の事実を結びつけ、自分の中で破綻なく説明できたとき、（この子のことがわかった！）となるのです。先の福井さんの記録の折に、「独りよがりにならないために、証拠をあげながら書く」と言いました。自分の思いをことばだけで言うのではなく、「事実でものを言う」との意味です。

私が心掛けていることを二つ付け加えます。

①――「主観で切り取り、客観でつめる」

もともと、事実の切り取りは主観的なもの、とある意味では開き直ってしまうのです。けれども、それが、ほんとに他の人に納得的に伝わるためには、それを証拠だてる他の事実の裏づけが必要です。

②――もう一つの事実をあげる

自閉的傾向をもつ康彦のお母さんが言う。「康彦は、不登校みたい」。朝、登校をしぶるからだ、と言う。私は、ふと、彼の帰りのようすを思い浮べる。彼は、何度か職員室に寄ってからでないと帰れない…。

（それって、不登校ではなく、彼の切り換えの悪さを示してはいないだろうか）

一つだけの事実では、思い込みや勘ちがいに陥りがちです。従って私は、「もう一つの事実」をあげ、それをも含み込んだとらえ方になっているかどうかを吟味するのです。

「子どもが何かをやっている」、と言っても、そのとき、その子はどんな表情でやっているかという、「もう一つの事実」とつきあわせることによって、その子の心の内面までが見えてくるのです。

## ◆熱い思いが伝わってくる

あくまでも、「事実を綴る」「事実で語る」…。実践記録ではそれが何よりも大切、と述べてきました。それは、とかく〝経過報告〟的になりがちな、「教育運動の記録」においても、同様です。

「適切な事実を切り取り」、「ふさわしい文脈の中に書き込む」ことで、人間の熱い思いまでが伝わってくる——そのことを、次の実例で読み取っていただきたいと思います。

＊

愛知の養護学校は軒並、マンモス校で、全国ワースト一〇のうち六校も占める。なかでも全国最大のマンモス養護学校・愛知県立安城養護学校は、児童生徒数三九〇人。雨の日は、体育館がいっぱいで使えず、廊下で体育をする。特別教室が教室に転用され、音楽は楽器を運んで教室でする…。

そんななかで、伊藤隆文さんたち（教職員一六七人中、組合員五人）が、これまでの全県的な取り組みに加え、「一職場」から県議会への請願運動を展開していきます。

## 愛知における養護学校マンモス化解消の取り組み

**伊藤隆文**

……私たちは、一二月県議会に、「安城養護学校のマンモス化を解消させる」請願署名を提出しました。わずか二ヵ月でしたが、二万一千名を超える署名が集まりました。父母から父母へ、卒業生や地域へと、すごい勢いで広がっていきました。……紹介議員のいない委員会では賛成者ゼロで否決されてしまいました。……


伊藤さんが、研究会で報告したときに書いた文章です。

そして、仲間との検討によって、「忘れがたい事実」が、次々と浮かび上がってきます。

それらを、文章に織り込みながら書き換えました。
※全文は、『みんなのねがい』二〇〇一年三月号に掲載されています。

## 署名用紙の重さは、私たちの思いの重さです

伊藤隆文

私たちは、県議会に、請願署名を提出することにしました。お母さん方から、毎日のように電話がかかってきました。「署名は、印鑑でなくてもいいか。拇印ではだめか」、そんな所からの出発です。わずか二ヵ月の期間に、二万一三六五名の署名が集まりました。署名提出の日、中村さんが、大きな風呂敷包みにぎっしり入った署名用紙をかかえています。小山先生が、「私が持ちましょうか」と声をかけると、中村さんが言います。

「いいえ、重くても全部持って行きます。署名の重さは、みんなの思いの重さですから」。私たちの用意した用紙は一万人分です。ですから、残りの一万人を超える分は父母のみなさんが増刷をして、集めたのでした。なかには、一人で八千人分（！）を集めた人もいました。お母さんがクラスの父母や送迎で出会う人たち二〇〜三〇人に渡す。おばあちゃんが通院先や近所の人たちに頼む…。私の職場も、教職員一六七人のうち一五〇人近くの人が賛同の署名をしてくれました。

請願は不採択でした。でも、お母さんが私に声をかけてくれました。「これからだ

よね」。私は熱いものがあふれてきました。
私の職場の運動は出発したばかりです。けれども、私たちの願いは必ず多数の声になっていく。そして、万博や中部国際空港にお金をかけている愛知で、行政が本来どこに力を入れるべきかを明らかにしてくれるにちがいないと思うのです。

〈追記〉二〇〇五年一月、愛知県教育委員会は、この安城養護学校のマンモス化を解消するため、新しい養護学校を建設すると発表した——私たちの一〇年越しのマンモス校解消の運動が、一つ実を結んだのでした。

# 4　書くことを急がず、「事実をつなぐこと」に力を注ぐ

## ◆大きな人間的価値

「小さな事実の中に、大きな人間的な価値がある。それが障害児教育」、と私はよく言ってきました。

聴覚障害で「多動」の茂（小五）が、ある日、職員室の机の上にあるポッキーの箱をめざとく見つけた。茂は、これまで、食べ物だとすぐに手を出す子だった。

田中先生が、「茂、あげようか」、と一本手に乗せてくれる。茂が口に入れようとしたと

茂の運動会

き、横合いから、彼の以前を知る河合先生が、両手を重ねて、チョーダイをする。茂は、何を思ったのか、河合先生の手にポッキーを乗せる。(ええっ、いいのか)、と私が思ったとたん、すっと引く。(そうだよなぁ)、その瞬間だった。彼がポッキーを二つに折り、半分を河合先生に渡し、残りの半分を、自分の口に入れた。

「やったぁ」、私と河合先生が声をあげたのはほぼ同時だった。

茂は以前、ボーリング場で、レーンの上を走っていって、直接ピンを倒そうとしたこともある子。その彼が、目的的な行動がとれるようになり、今自分の気持ちをコントロールして、ポッキーを渡したのだった。

見すごせばそれまでのこと。だが、彼の育ちの歩みに位置づければ、輝くほどの見事な瞬間…。

私たちの障害児教育は、ささやかな日常的なできごとの積み重ねのように見えます。それだからこそ、いっそう、一つひとつの事実への意味づけが求められます。小さなできごとが、いったん意味づけされることによって、鮮やかな色彩を帯びて浮かび上がってくる…それがまた、障害児教育の醍醐味でもあります。

## ◆「事実をつなぐ」ことで見えてくるもの

一般に、文章を書くときは、「取材・構想・記述・推敲」という順序をたどります。本章3の、「事実の切り取り」は、ここで言う「取材」にあたるでしょうか。

ここでは、「構想」について考えてみます。

ところで、私たちの「取材」は、思いつくままに、材料を集めることではありません。素材は、あくまでも子どもの事実です。実践の瞬間瞬間に意義を感じて、切り取ってきた、いくつもの事実。

それらを結びつけ、実践全体の中に位置づけてみる――それが「構想」です。ここで大事なことは、急いで書こうとしないことです。

①――何よりも、(今、手元にある事実と事実を結び合わせることによって、何が言えるか)、に力を注ぎます。それによって見えてくるもの、それが、実践記録の主題(テーマ)です。

「意欲の乏しかった里美が、受けとめてくれる人間関係の中で、〝元気印〟と言われるまでになって卒業していった」とか、「自閉症の俊作が集団と文化との出会いによって、

ハトのえさやり

自分の世界を広げてきた」、などです。
私の場合、この主題は、自分が力を入れて取り組んできたこととほぼ重なります。
②――そして、主題が明らかになってきたら、今度は逆に、「その主題をもとに」、それぞれの事実はどんな意義をもっていたのか、あらためて吟味するのです。瞬間的に切り取ってきた事実を、長期的・全体的に、位置づけ直すと言ってもいいでしょう。
自閉児俊作は、人との関係で、「思うにまかせない」とき、額をガンガンと打ちつけていた。血がにじむほどに。また、トイレの水に〝とりつかれるように〟こだわっていた。その彼が、どのようにして世界を拓いていったのか――その視点で事実を意味づけてみるのです。

――俊作が、あるときから、校庭に来るハトを手乗りにした。〝無機質な〟水から、少し抜け出しつつある彼も、〝めんどうな〟人間にかかわるまでにいたっていない…。そんな彼にとって、ハトは、エサをあたえれば確実に反応を起こす、「手応えのある存在」だった。「水」と「人間」との中間にあって、安心して、たっぷりと心通わせることのできる、ハトとの世界――（だからこそ、彼は、六限後、ハトに、「ア・リ・ガ・ト」と挨拶をして家に帰っていくのだった)。
——そんな彼も、ずっと後になって、「カワラバト」というハトの名前を度忘れした。それまで反射的に口を突いて出るほどだったのに…。だがそれは、彼の関心の世界が広がり、ハトの世界までが相対化したことの証拠でもあった(人間の成長にとって、「忘れること」もまた、大きな意義がある、と教えられた思いだった)。

このように、もろもろの事実を、(今から思えば…)、と再評価してみるのです。けれども、この「実践の構造化」「実践記録の構想立て」は、実践記録を書くときの、最大の難所でもあります。

困難なときは、仲間の力をかりる——これがものごとの鉄則です。本章の2、3で、実践記録を読みやすくする実例を見てきました。

二つの例は、ともに、文章だけを書き換えたのではありません。書き換えの前に、「集団の論議によって、実践の全体を構造的に明らかにしようとした」、だからこそ読みやすくなったのです。

## ◆大晦日の家庭訪問

大阪の木村節子さん（障害児学級）から、「直してほしい」と、次の文が送られてきました。

自閉傾向の美樹ちゃん（小一）が、二学期以降、友だちの俊男くんのまねをしてでないと食べなくなった、という内容です。

家でも学校でも、飲食が困難になった美樹ちゃんは、登校も遅れがち、体力も衰えて、学校へ来ても、机で寝そべったり、床に寝たりで、ひとりで歩くのもフラフラだった。

冬休みに入ると、学童保育所でも、学童の友だちのまねをして食べた。学童が休みになった年末には毎日、点滴が必要な事態にまで陥った。

私は心配で心配で、大晦日の夜、彼女の家を訪れた。美樹ちゃんのやせ細った腕に、点滴の跡が痛々しかった。「美樹ちゃん、先生これ作ったんよ。お味みてくれる？」「♪穴のあいたレンコンさん！　パクッ」と私が食べて、美樹ちゃんもどうぞ、と口に持っていくと、口を開けて食べてくれた。後で聞くと、高野豆腐やシイタケとかは、彼女がこれまで食べたことがなかった食品だったそうだ。
あくる日からのお正月は、おばあちゃんやいとこの兄ちゃんたちと食事ができたと聞いて安心。……

そのままでも、ようすが伝わってくる実践記録です。けれども私には、(なぜ大晦日、木村さんが訪れたとき、食べたのだろう)、という疑問がずっと心に残っていたのです。そこで私は、一方で、(ここまで踏み込んでもいいものだろうか)と躊躇《ちゅうちょ》しつつ、思いきって、次の文を書き込んでみたのでした。

だが、それにしても、私が行って食べたのはどうしてだろう。そして、好きなクラスの俊男くん、おばあちゃん、いとことなら食べる——。(そうか)、私は「まねをしてしか食べない」ととらえていた。ちがうのかもしれない。まねをすることで、ようやく食べられる。学校でも家庭でも、大人と美樹ちゃんが、いわば、面とむかって、「食べる—食べない」という世界に入り込むと、そこから逃げられない。そこに好きな俊男がかかわることで、ようやく抜け出して食べることができる。

また、大晦日のことにしても、みんなから（食べて！）というまなざしが注がれるなかで、かえって食べられない。そこに私という存在が入り込むことで、ふっと、「食べる―食べない」という世界から抜け出し、さりげなく食べることができたのかもしれない。……

※全文は、『みんなのねがい』二〇〇一年六月号に掲載しています。

## ◆共感的な人間関係の中で記録づくりを

「私は、自分の文に、他の人が手を入れるのは好きではありません」。実践記録の書き方講座のあと、こんな感想が出され、さて、どう答えていいものか…と、しばらく躊躇したおぼえがあります。今なら、こう言うでしょう。

実践記録をより良いものにすることと、管理的な立場から、文章をチェックするのはちがう、と。

私が、木村さんの実践記録に対して試みたのは（木村さんが、もっとも言いたかったことは何か）を、実践の流れ（論理）に即して探ることでした。そして、木村さんが実践の中で生み出している事実をつなぎ合わせ、実践のすじみちをたどっていくと、あのように言わざるをえなかったのです。幸い、木村さんから、「私が言いたかったことはそういうことだった」との声を聞き、ホッとしたのでした。

あらためて述べます。

私たちは、ともすると、「自分の頭の中だけで」「一人で」、実践記録を書こうとしがちです。

たしかに、自分で行けるところまで行く、それが基本です。けれども、そこに留まる必要はありません。メモや「はじめの文」をひとまず書いて「頭の外に出して」みる。そして、「仲間の力をかりて」構想を立てる。そのあとに、本格的に実践記録を書き換えていくのです。

思いきって、私に文を送ってきた木村さんに拍手を贈ります。私たちは、仲間の支えのなかで、実践の主体者になっていく――。仲間は、職場やサークル、そしてときには全国に求めればいいのです。

## 5 「映画の一場面のように」描いてみる

### ◆情景が浮かぶ

映画の一場面を見るような――。

井上あささんの実践記録をひとことで言えば、そう言えるでしょうか。

井上さんは、自分をこう紹介します。

「臨時教員として、今年で、一三年目を迎えた。いつも〝失業の日だけは決まっている〟。〝失業〟と向き合いながら働き続けてきた。勤めた学校は二六校、辞令綴りは、四五枚になった…」（一九九九年）

## 門にしがみつく健太

井上あさ

小学校での離任式の日、健太くんは、別れのあいさつをしている私の目の前で、地面にうずくまり、黙って文字を書いていた。そばにいた担任が、小さな声で、

「そんなことしちゃいかん。話を聞きなさい」

と、肩を叩きながら、やや強い口調で言い聞かせようとする。だが健太くんは、その手を振りはらい、やっぱり書き続けていた。

朝礼台の上から、そんな健太くんの様子が気になり、目をとめたとたん、はっとした。

地面に書かれていた文字は、「いのうえせんせい」であった。私は、急に涙が出そうになる気持ちをぐっと押さえて、あいさつを終えた。

健太くんは、障害児学級の四年生。急性脳症による障害があり、突然暴れたり、人を罵倒したりするかと思えば、急におとなしくなったり、やさしくなったりして、担任を困惑させた子である。その健太くんが私を名前で呼んだのは、出会って、一一ヵ月目のことであった。

健太くんは、ものの名前を、すぐに言葉で表現できないことがあった。そのため、「たまねぎ」が、「ねぎまね」になることもあった。

その健太くんが、私との別れの日、名前と文字を見事に一致させ、自分の力で書いたのである――。

離任式後、障害児学級の子どもたちは、それぞれの教室へ戻っていった。だが、健太くんだけは、門から出て行こうとする私を見つけて、後を追ってきた。そして、その場から立ち去ろうとしない。見るに見かねた担任と教頭が、

「さあ、教室に行こ」

と言い聞かせようとするのだが、その声に耳を傾けようとせず、門にしがみついて、こちらをにらむように、じっと見ていた。

私は、平静さを取り戻そうとしながら、車を走らせて、門を出た…。

――臨時教員にとって、子どもたちとの別れは、いつも後ろ髪を引かれる思いがする。細切れ任用の中での、短期間の教育実践は、系統的、継続的なものには成り得ず、いつもこれからが始まりだ、と思うところで、仕事が終わってしまうからである。

（ああっ、健太にとっても、私にとってもここから始まるのに…）

教師も、教育も細切れであっていいはずはない。（以下略）

見事なまでの実践記録――、それには、二つの理由があります。

①――**何よりも、伝えるべき中身がある**

井上さんの実践者としての姿勢・実践の中身がたしかであり、それが、離任式の場面に凝縮して示されている。

②――**的確な表現がある**

健太くんと井上さんの人間像が、具体的な事実や行動で描かれることによって、情景がありありと浮かび、心の動きまでが伝わってくる。

かつて、教育学者・坂元忠芳氏が、すぐれた実践記録は、文学性と科学性を兼ねそなえている、と述べていたことを思い浮かべます。

## ◆「読み手」を意識する

心はことばに乗せて伝える――ここでは、「表現・記述の工夫」をとりあげます。

表現については、これまでも、時折ふれてきました。「『私は―』という主語を入れて

「プレゼント、うれし～い」

書く」、「実践者の意図と子どもとのぶつかり・ズレとその克服の過程をリアルに」、「あくまでも事実で語る・語らせる」、などです。

今回、新たに、いくつかをつけ加えます。

## ①――「である」調で書く

一般的な文章論では、「ですます」調と「である」調は混ぜて書くな、と言います。私はあえて、実践のテンポを考えるならば、実践記録は、「である」調で書くのがいい、と言ってみたい。

「俊作がゴールに飛び込む。勝った！」という文を、仮に、「俊作がゴールに飛び込んだのでした」という文にしたら、一挙に、そこでの緊張感が崩れます。

あらためて思うのです。私の文が次第に短くなってきた。それは、たんに「歯切れ」をよくしようと思っただけではなく、実践のテンポに見合う文体を模索してきたことの結果であったかもしれない…、と（ちなみに、本書では、実践部分は「である」調で、解説部分は「ですます」調で書いています）。

ところで、ここまで書いてきて、近頃私は、（自分の思いをどう表すか）というより、（「読みやすい文」にするには、どうすればいいか）に、気持ちが傾斜していることに気づきました。

## ②――できるだけ早く現場を描く

井上さんの実践記録は、ムダな〝説明〟を削り、ストレートに現場（離任式）を描きます。ジャーナリストの本多勝一氏が、新聞で、〝エスキモー（イヌイット）〟の連載をしたときのことが示唆的です。氏は、読者に読んでもらうために、連載の最初二、三回は、もっとも〝エスキモー〟らしい場面を力を込めて書く。その後に、なぜ〝エスキモー〟なのか、の説明を加えた、というのです。

## ③――内容が一目でわかる題や小見出しに

せっかくの実践記録、（読みたい）、という気持ちの働く題にしたいものです。

「愛知における養護学校マンモス化解消の取り組み」より、「署名用紙の重さは、私たちの思いの重さです」の方が、読み手の心にまで訴えてきます。中野光氏（元中央大学）が、「題は、実践者の思想をあらわす」と述べていたことを思い出します。

小見出しもまた、「後に続く内容が一目でわかる」ものに工夫します。

北海道の寄宿舎指導員の笠井恵さんは、この仕事に就いてはじめて、生徒からの〝指導拒否〟を受け、悩みます。それを、仲間の中に持ち出し、「Y君とのかかわりから」という実践記録にまとめます（そこがすごい！）。ところが、この率直さあふれる実践記録が、

「はじめに」、「実態とコミュニケーションの手段と方法」、「かかわりの手だてと進め方」などの小見出しで展開されているのです。

（もったいない）

私や仲間との検討会のあと彼女は、小見出しを変えます。「初めての、子どもからの拒否」、「緊張の入舎式」、「私に心を開いた日」など。そして、題もまた、「私が拒否された幸男君の世界が開かれるとき」と書き換えたのでした（笠井さんの、「書いたことで、自分自身の葛藤を乗り越えることになった」との話が印象的です）。

**④――ふさわしい仮名をつける**

文章で、Aちゃん、B君となっていると、私は味気なさを感じます。何よりも、子どものイメージがわきにくいのです。そこで私は、その子にふさわしい名前（仮名）をつけます。

俊作――自閉的で、デリケートな〝ガラスの少年〟

昇太――落ち着きはないが、元気者で、にくめない子。

私がこの〝名前〟を意識しはじめたのは、斎藤茂男氏（ジャーナリスト）の『父よ母よ！』の取材ノートの写真を見てからです。

非行をくり返す少女にふさわしい〝名前〟は…とノート見開きいっぱいにリストアップ

しながら決めていく過程が示されていました。

## ⑤──読み手のテンポにあわせた文章を

昨年、私の妻・芙美子が、二九年にわたる非常勤講師（肢体不自由養護学校）としての歩みを振り返りつつ、次のような文章を書きました。

> 二〇〇三年の夏、私はこみあげる涙をこらえることができませんでした。全臨教「臨時教職員の悩みと実践」の分科会のことです。すでに分科会は終わりに近づいていました。

続けて読んでいけばわかる文章ですし、文学的には、そうした記述も可能だ、と思います。ただ、書かれた記録を一文ずつ、読み手が自分の思考をくぐらせて読む、となると、やはり、冒頭の文は唐突です。そこでこう書き換えたのでした。

> **たたかいの旗をあなたに**
>
> 二〇〇三年の夏、私は、自分の二九年の歩みをいっそう確かめる出来事に出会いました。全国臨時教職員問題学習交流集会「臨時教職員の悩みと実践」の分科会でのことです。すでに分科会も終わりに近づいていました。（私は今、五八歳、あと何年現

職でここに参加できるだろう…)、と思いつつ、参加者からのひとこと感想を聞いていました。私の番になりました。

「私は、若い人たちに、この実践レポート『生活できる手を求めて』を聞いてほしかった。地位や名誉やお金のない非常勤。しかし、非常勤を二九年生きることで、歴史の進歩が見えてきました。若い人たちに、歴史を推し進めるために、たたかいの旗を受け継いでほしいのです」と。

すると、静岡の若い教師が、「私がたたかいの旗を引き継ぎます」と発言されました。

私はこみあげる涙をおさえることができませんでした。

彼女のすがすがしい声は、今も私の胸に響いています。たたかいは続きます。いくつもの無念を越えてきました。しかし、若い人たちにたたかいが受け継がれていく限り、希望と勇気がわいてくるのです。

## ⑥——書き上げたら、誰かに「聞いてもらう」

私は、ひとまず文章を書き終えると、妻や娘に聞いてもらいます。娘が、けげんな顔をしたら、その箇所は、即座に、別の言いまわしをします。こなれた表現になっていないにちがいないからです（一九九一年、『子どもの真実に出会うとき』を、『みんなのねがい』に連載したとき、娘は中三でした）。

## ◆関心をもち続けること

（何もそこまでしなくても…）、との声が、自分の内側からも聞こえてきます。けれどもその一方で、（もっとこの子のことを知りたい）、（子どものことを正しく伝えたい）との思いもつのります。

こんなとき、基本に戻ります。

「実践記録は教師の生活綴方」。綴り、伝えようとすることで、私の子ども認識が深まっていく――。

教育学者・ニイルは、愛の反対は、放任・無関心と言っています。今、この子のことがわからなくても、（わかろう）と思い続けること――それが私たちの愛ではないか、と思うのです。

# 6　書いてこそ在（あ）る

## ◆エピソードを書きためる

千葉の野崎淳子さん（『みんなのねがい』編集委員）が、こんな感想を寄せてくれました。

『ねぇねぇ、聞いて！　今日○○ちゃん、こんなんやったんよ～』、と職員室で、他の職員に伝える。そのときが、とっても楽しい。子どもたちの心がすごく表れているエピソード。なんてこの子はかわいいんだろう、とみんなで笑い合う。

『今日もいい一日だ』、と思えるときです。

ただ、子どもの日々の記録は、というと、『○○ができた』『○○をしていた』と、なんとも味気ない感じで書いているのです。

竹沢先生がこれまで書いている文を読むことで、私たちが話していることを、そのまま、書きためていくと、本当の子どもの成長記録になるんだろうなって思いました」。

私は（そうそう、その通り）、と読みすすみ、「ただ、子どもの日々の記録は…」のくだりにいたって、声をあげて笑ってしまいました。

誰しも身におぼえがあるからです。

この実践記録の書き方の章、「事実の切り取り」から「書き方の工夫」まで、大急ぎでたどってきました。

ときには、大上段に構えたりもしました。章の最後は、「ともかく書いてみましょう」、そんな呼びかけのつもりで書きます。

## ◆書いてこそ在る

作家の佐藤貴美子さんが、『母さんの樹』誕生にまつわる、こんな話をしてくれました。

『母さんの樹』――電々公社（ＮＴＴの前身）の不当な解雇と闘う人びとを鮮やかに描き、映画にまでなった感動的な作品です（新日本出版社、一九八四年）。それは、もともとと、新聞連載として書かれたものです。

佐藤さんは当時、電々公社に勤め、そこでの闘いを、毎日毎日書き続けることになる…。連載前、逡巡する佐藤さんに、作家の松田解子さんが、佐藤さんの手をガバッと握って、こう言ったのだそうです。

「あなた、その話も、この話も、書いてこそ在るのよ。書かなければ、ないといっしょよ」、と。

私たちの日常には、かつて、佐藤さんが直面した過酷な状況はありません。けれども、「書いてこそ在る」――これはまさに障害児教育にこそ言えるのではないでしょうか。見すごせばそれまでのこと。でも、意味づけによって、輝くばかりの瞬間として浮かび上がってくる…。

冒頭の、野崎さんのように、「ねぇ聞いて」と、語りかけたい子どもの事実を、「エピソードを書きためる」ように綴っていったら、どうでしょうか。

## ◆ことばって、こんなに便利

私のクラスの隼人（小二、聴覚障害・「多動」）は、幼稚部のころ、思い立ったびに、

教室を飛び出していっていた。

その隼人が、今、私と身振りを交えた〝あやしい〟会話をするまでになっている。

水が大好きで、水にこだわり続ける隼人が、今日も二階に行って、洗濯機をまわしている。そのうち、気分の高揚のままに、自分の服まで脱いで、中に入れてしまった。上半身裸の彼に、私が、「隼人、下の教室に行って、服とっておいで」と言う。彼はすかさず、あごの下に手をやって、「待っている」。(ボクはここで待っている。先生取ってきて)、との意味だ。

「……」。

あるいはこうだ。給食を食べたあと、私が「食缶を返しに行こう」と言うと、隼人はほっぺたをつねって、「むずかしい」。(行きたくない、のだ)。

ようやく食缶を返しに行った帰り、幼稚部の食堂に寄り道をした。横山先生に、手作りのお菓子をもらったようだ。教室に戻ってきた彼に、尋ねる。「幼稚部で、何かもらったの?」。隼人「忘れた」。私「……」。

「待っている(行きたくない)」、「むずかしい(やりたくない)」、「忘れた(言いたくない)」…私を〝手玉にとりながら〟、(ことばって、なんて便利なんだ)、と実感しているにちがいない。お母さんの、「幼稚部のころ、こんなふうに、会話ができるようになるなん

て思いもよらなかった」とのことばがうれしい。

私が、彼のことばを育てるうえで、大事にしてきたことは四つです。

①「受けとめてくれる人間関係」、②「言いたくなるような生活の中身」、③「ゆたかな生活を意識化する」、④「直接的なことばの指導」、です（これらを私は、「ことばの四要素」と言っています）。

彼の、どんな場面で、それらが働いたのか、まとめ、綴るのは、私のこれからの仕事です。

ただ、③の「意識化」にかかわって、私がやってきたことを一つだけあげます。

私は、「隼人が、その日、もっとも楽しそうにしていたこと」を、〝絵にして〟、家に持ち帰らせます。

竹沢が描く、「隼人の、絵の日記」というわけです。

彼は、家に帰って、その絵のファイルを開き、身ぶりを交えて、母親に話しかける。けれども、時に、私の思惑がはずれる。

（今日楽しかったのは、これじゃない）。何日か前の絵をひっくり返して、「ここ」、と指さす。「三日前と同じ、体育館の縁の下めぐりが楽しかった」というわけです。

「受けとめてくれる大人」と「言いたくなるような楽しい生活」があって、「絵の日記」

のような「意識化の文え」によって、会話が成りたっていくのでした。
それにしても、彼とのさまざまなやりとり、私が書かなければ消えてしまう…。そして、書くことで、事実を共有し、自分の可能性が拓かれていく喜びがある。たとえ、未熟であっても、書いていく中で書けるようになっていく――そんな思いで綴り続けたいものです。

## ◆何気ない行動の中に、その子の輝きがある

この章は、二〇〇三年の年賀状から書きはじめました。そして最後は、二〇〇五年の年賀状で、しめくくろうと思います。

迎春
何気ない行動の中に、その子の輝きがある――そのことを、隼人（小二）が教えてくれる。
聴覚障害・「多動」の隼人は、幼稚部の頃、集団から飛び出し、思いどおりにならないとパニックを起こして、ひっくり返っていた。その彼が、今、教室を抜け出して、保健室の前にたたずんでいる。そして、入り口のドアにいつもはめ込まれている、養

護教諭の行き先を示すカードを、「保健室」から「職員室」にさしかえる。（何？）、と思う間もなく、隼人は、養護教諭の内田さんの手を取って職員室にむかう。

彼がドアを開ける。入り口近くの内田さんの机の上には、ノートパソコンが置いてある。（そうか、パソコンに触りたかったのか…）。だがその時、部主事の藤井先生が事情を察しながら、「隼人、何か用事だった？」と尋ねかけてくる。ちょっと苦手な藤井先生…。（いいえ、なんでも）、とばかりに、隼人は「ていねいに」一礼して、一目散に走って教室に戻っていく。

ささやかな、ある日の出来事にすぎない。だが、あの、ひっくり返っていた隼人が、自分の思いを突き出しつつも、相手に合わせて、行動を切り換えるまでになっている。その発達の根っこには、まわりの大人に受け止められている、という安心感がある。

今、教育現場には、「学校評価」、「教員評価」などが持ち込まれようとしている。だが、それによって、大学合格者数などの〝出来高〟を競い合うことになってはならない。あくまでも、「教育の質――教師と子どもの心のかよい合い」が基本だ。教育基本法の改悪がもくろまれている今日だからこそ、「私たちの仕事は、コミュニケーション労働」、との思いをいっそう強めたいものです。

二〇〇五年　元旦

今、子どもたちは、苦悩の時代を生きている、と言われます。

こんな時代だからこそ、子どもたちの中に、発達的事実をつくり出し、あるいは見つけ出し、(人間って、こんなにステキなんだ)、とのメッセージを発信し続けたいと思います。

どの子もそうした力・可能性をもっている——俊作が、昇太が、隼人が、私にそう教えてくれます。

私たちは、子どもの事実に励まされて、親になったり、教師になったりしていく。綴ることによって、いっそうそんな思いを確かにしたいものです。

＊

次章では、この第一章の中で、事例として、断片的にふれてきた俊作と昇太の育ちを「私の実践記録」そのものとして載せます。

〈手記〉

# 実践記録は「書き直す」もの――竹沢先生の添削を受けて

村岡真治

朝七時前、電話が鳴る。私は慌てて布団を抜け出す。竹沢先生からのファックスだ。私が竹沢先生に「第三次原稿」をファックスしたのは昨晩のこと。それがもう添削されて返されてきたのだ。今回のご指摘は、テンの打ち方、平仮名を漢字に直すことなど…。わかりやすい文章にするための技術的な問題が中心になっている。何という素早さと徹底さ。出勤前の忙しいなかで時間を割かれたのだろう。実践記録に対する竹沢先生の真剣さに（さすがはプロだ）と唸らされる。

## ●反省すべき「第一次原稿」

私の「第一次原稿」は大本から変更を迫られた。竹沢先生のアドバイスはこうだ。①三人の子どもの事例のうち一人を削って、「則道」と「恭子」の事例をもっと深めること。②「ゆうやけ子どもクラブ」についても触れること。私は原稿を大幅に書き直し、「第二次原稿」を作った。数日を置かず竹沢先生から、赤ペンで修正された原稿が郵送されてきた。単語や文章の移動がいくつもある。特に「則道は」「恭子は」「私は」などが文頭に出されている。例えば、「一カ月経っても…則道は慣れなかった」ではなく、「則道は、一カ月経っても…慣れなかった」にするとい

うことだ。これで、「慣れなかった」のが誰なのかがはっきりする。

しかし、「第二次原稿」にはさらに反省すべき点があった。恭子は、いろんな絵本を読んでもらっているうちに、つらい出来事や寂しい気持ちを主人公の女の子が乗り越えていくようなストーリーが好きになった。その事実を意味付ける際に私は、「恭子もつらく寂しい感情を抱えているのだ。そこから抜け出す方法を探しているのだ」と書いてしまった。これについて竹沢先生は、「ここまで言えるのか？　ちょっと詰めが甘い気がする」と指摘された。ことばと事実のあいだには響き合う関係がなければならない。（無理にまとめようとして言い過ぎになったな）、私は自分の未熟さを痛感した。この文章は、「絵本を通じてイメージを膨らませるようになった恭子は、直接的な感情の爆発を減らしていった」に替えることにした。

## 「第四次原稿」で「着地成功！」

「第四次原稿」をファックスした翌朝、竹沢先生からファックスが返された。『着地成功！』という感じですね。ほんとにいい感じに仕上がりました。そのままで出してください」。竹沢先生からついにOKが出たのだ。続いて電話もかかってきた。「村岡さんは書き直す力がありますね」。竹沢先生のこのことばを聞いて、私は心底うれしかった。竹沢先生が添削されたところは、どうしてそうされたのかを考えて書き直した。考えた末に竹沢先生のご指摘どおりにしたところもあれば、その意味を踏まえて自分で新たなことばを探したところもある。

実は、私は毛筆の書を習っている。書の先生からは繰り返し添削を受ける。何枚も書き直し、これで作品として提出できると思ったものでも朱筆を入れられてしまう。それでも先生の意図を汲んで自分なりの表現をしようとする。伝統的な技能や芸術というものは、その道を極めた人から謙虚に学び、吸収することがどうしても必要だ。ただし、どんな人を師として学ぶかが重要になるが…。実践記録にも同じようなことが言えるのではないだろうか。

私の実践記録『楽しい放課後生活』を子どもと創る」（季刊『障害者問題研究』特集「学齢期の地域生活支援」、全障研出版部）は、こうして完成した。もちろん職場の同僚たちの力も借りた。だが、人目に触れても恥ずかしくないものに至ったのは竹沢先生のおかげに他ならない。

**むらおか　しんじ**／東京都小平市にある障害のある子どもを対象にした放課後活動を行う民間の通所施設、ゆうやけ子どもクラブ代表。障害のある子どもの放課後保障全国連絡会事務局長。

第2章

# 私の教育実践とその書き方

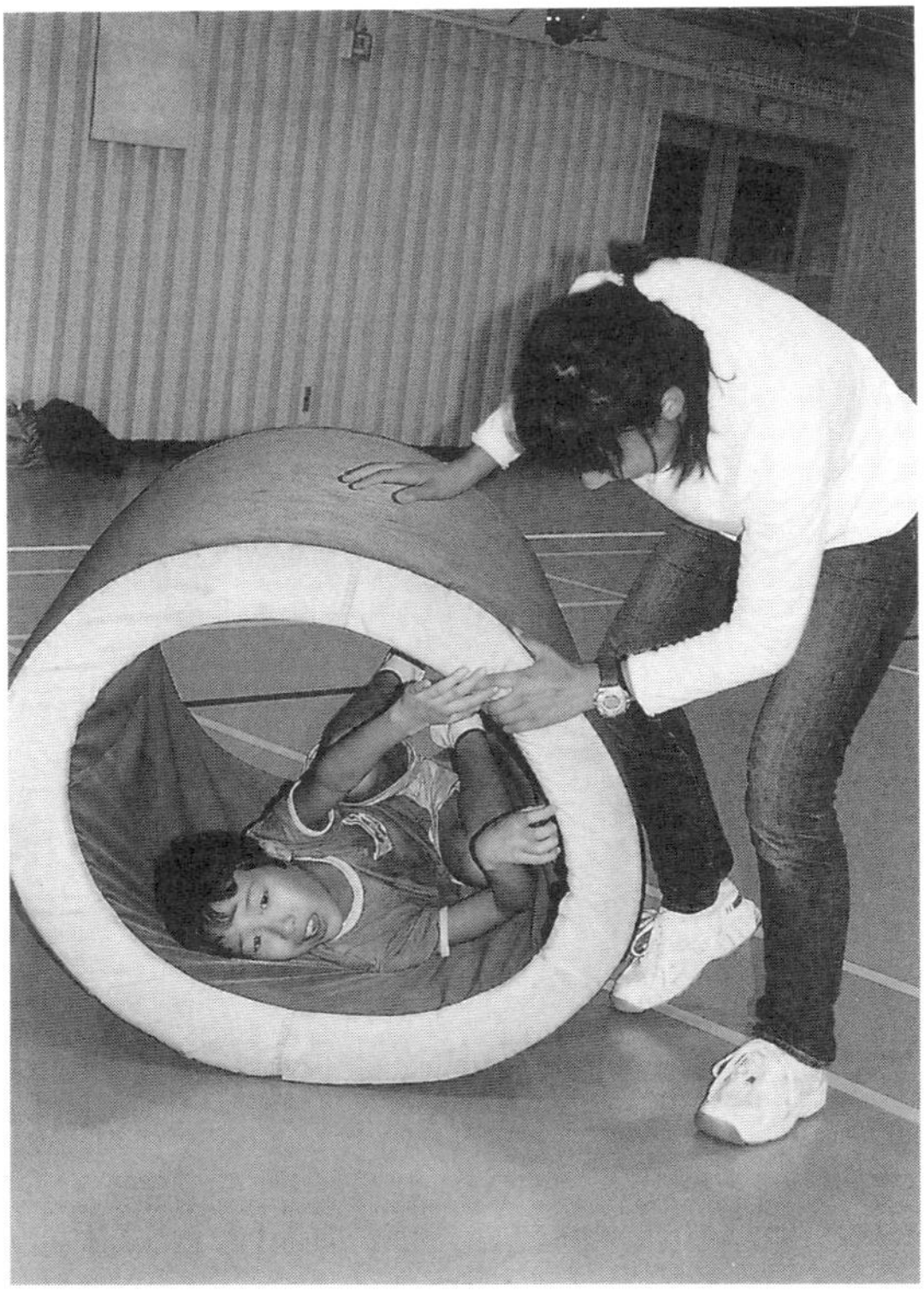

〈私の実践記録〉

# 〝天敵〟がかけがえのない友に変わるとき

（人間って、こんなにも変わるものか）――俊作、そして昇太が、そのことを教えてくれた。

## ◆頭を床に打ちつける

小三で担任した俊作（聴覚・自閉性障害）は、鬼ごっこで鬼にタッチされると、とたんに体育館の床に頭を打ちつけていた。額に血がにじむほどに。また、ハンカチ落としでつかまると、即座に補聴器を投げ捨てる、あるいは鼻をひっかいて血を出す…。

「算数の答がちがっているよ」と言われただけで、教室を飛び出し、フェンスを乗り越え、近くの公園まで走り込む。

「思うにまかせない」とき、彼はきまってパニックを起こしていた。

また、彼は、すきを見つけては、トイレに走り込んでいく。水洗トイレの水が渦を巻いて、流れ込んでいくさまを、〝とりつかれたように〟のぞいているのであった。

## ◆問題行動に目を奪われることなく

彼の「思うにまかせない」最大のものは、人間関係であった。なかでも、昇太との関係は激しいものであった。四月、三人（俊作、香織、陽一。小三）のクラスに昇太（小二）が入ってきた。校内事情で、定員三人（重複学級）のところ、四人で出発したのだった。

昇太の課題は「落ち着きがないこと」――ふっと思いつくと、とたんに教室を飛び出していく。母親は、「二年前は、一〇分も座っていなかった」と言う。

ほとんど、〝自然児〟と言ってもいいほど、思いのままにふるまう。俊作が絵本を見ている。そこを通りかかった昇太が、まったく気まぐれに、サッと絵本をとりあげる。そのとたん、俊作が頭をガンガン…。

四月、〝ガラスの少年〟俊作と、〝自然児〟昇太のぶつかりで、クラスは騒然たるありさまであった。

後に、俊作のお母さんが言う。

「学校につれて来ても、このまま家に戻ろうかしら、と何度も思った。俊作にとって、昇太は〝地雷〟に触れるようだった」

現に、俊作はいつも、イスに座っておらず、天井近くに横たわっている耐震用の鉄骨の上に昇り、あたかも、〝とまり木〟に止まって、〝避難〟しているかのようであった。

だが、こんな俊作にも、頭を打ちつけないときがあった。体育館での鬼ごっこのとき。逃げる俊作が、香織と衝突して、二人とも倒れた。そこに鬼が追いかけてきて、俊作にタッチ――。(ああ、頭ガンガンだ)、私は身構える。だが、打ちつけない。「好きな」香織を(だいじょうぶか)という表情でのぞき込んでいるからだ。

気持ちが、他者にむかうとき、彼はパニックを起こさない、私は確信した。

## ◆こだわりの世界から〝卒業するように〟

そして、水へのこだわりをこうとらえた。

「俊作は、運動会で、音楽がかかったとたんに、グランドに頭を打ちつけていた」、「水さえあれば飛んでいく」――これらは、彼が、音、水など「感覚の世界」に生きていることを示していた。だが、たとえ、それらが「気になる行動」であっても、私は、そこから力づくで引き離そうとはしなかった。

むしろ、感覚の世界をたっぷりと味わわせ、いわば「卒業するように」して、別の世界（人との交わりの世界）に導き入れようと思った――人間は、足元を踏みかためることで、次への飛躍が可能になるからだ。

一方で、人間関係そのものの遊びである鬼ごっこやかくれんぼを組織し、誘い入れようとする。同時に、「体育館の天井からさがるロープでブランコ」「回転遊具」「プール」などの感覚遊びを十分に保障していった。

人間関係の遊び――重複学級全体の朝の会はこんなふうにすすめた。

子どもたち（毎年一〇人前後）は、毎日一時間め、体育館に集まる。そして、「挨拶」「鬼ごっこ」「キックベースボール」などをする。

はじめ、子どもたちが一人ずつ前に出てきて挨拶をする。だが俊作は、例によって、遠く離れ、天井からぶらさがっているロープにつかまっていて、こちらに来ない。私は一声かけて、そのままにしておく。ここでは活動の流れをつくることが先決だ。一人二人と挨拶をさせたあと、三人めぐらいに香織を呼ぶ。彼女には、終わったら俊作を呼びに行ってもらおうと思っているからだ。他の子ではやってこないし、待たせすぎても、じれて来ない。それゆえの三人めである。俊作は、香織に誘われてやってくる。だが、挨拶をすますと、また元に戻っていってしまう。私はここでも止めはしない。

次の鬼ごっこが始まるとやってくることを知っているからだ。待つのが苦手な彼には、活動をはじめてから誘うのが基本だ。

鬼ごっこは「引っ越し鬼」――どの子にもわかりやすいように、こちらの端とむこうの端にそれぞれマットを敷き、太鼓の合図で移動する。だが、ここでも配慮がいる。俊作を最後まで残すのだ。そのうち、つかまることは嫌だが、鬼ごっこそのものは楽しむ、というようになってきた。

また、キックベースボールのときはこうだ。このときも彼は、みんなと座って自分の打順を待ちはしない。本人の打順になったときだけ呼び寄せる。当初は、蹴ったらすぐに、元のロープの所に戻っていった。だが、次第に、塁上でも待てるようになっていった。

## ◆集団と文化の出会いの入口でつまずく

私の対応は、一見「わがまま」を容認しているように見えるかもしれない。

しかし、自閉性障害をふまえた意図的な働きかけであった。私は、これまで、「集団と文化との出会いで、人間の発達は促される」と言ってきた。だが、俊作は、障害があるがゆえに、集団と文化の出会いの入口で、抵抗感を抱き、つまずく。とすれば、その抵抗のハードルをいかに低くするか――それが私に求められる指導だ、ととらえたのだった。

そのために、次のようなことを大切にした。

・一週間の時間割をほぼ帯状にし、毎日の流れを大きく変えない（一時間めは朝の会、二時間めは国・算のグループ指導、など）。

・ことばだけの説明を少なくし、他の子の活動を先行させて流れをつくり、その後に参加をうながす。本人の納得が教育の原則だ。

・待つ時間は〝自由に〟。待つことが苦手な自閉的な子。事前にこまかなことを求めると、「本番」にいたるまでにトラブルが生じ、結果として、参加できなくなることが多い。もっとも参加してほしい場面（私の言う「おいしいところ」「本番」）にこそ加わらせたい。キックベースボールで言えば、「蹴ってボールがとんでいく」という心地よさを、本人の中に蓄積してほしいと願うのだ。

・集団に加わることへの抵抗感は、級友の力に依拠して少なくする。私は香織に頼むことが多かった。当初、俊作はなぜ香織に心許すのかわからなかった。だが、あるとき、心底、納得した。

算数の時間、「答ちがっているよ」と言われて、俊作が教室をぬけ出していった。そして、中庭の石を、金づちで割っている。私はいつものように香織に、「呼んできて」と頼む。だが、二人はなかなか帰ってこない。見ると香織は俊作の横に座って、「あの石割れ、この石割れ」とさしずをしているではないか。（ミイラ取りがミイラか）、と思って私が、「香織ーっ」と呼ぶ。彼女はハッと気づいて、「俊作」と呼ぶ。すると、彼がスーッと香織の後からついてくる。私がいくら呼んでも来ない彼が、である。

（ああそうか、香織の働きかけに俊作がスンナリと応じるのは、その前に二人が、「世界をともにした」からなんだ）

それが人間――。

この話を聞いて、香織のお母さんが言う。「香織は、俊作とかかわって、〝気長さ〟を身につけているんです」と。

## ◆絵に人間がでてこない

一方の、〝自然児〟昇太をどうするか――。彼の落ち着きのなさ、の他に、私には、もっ

絵1

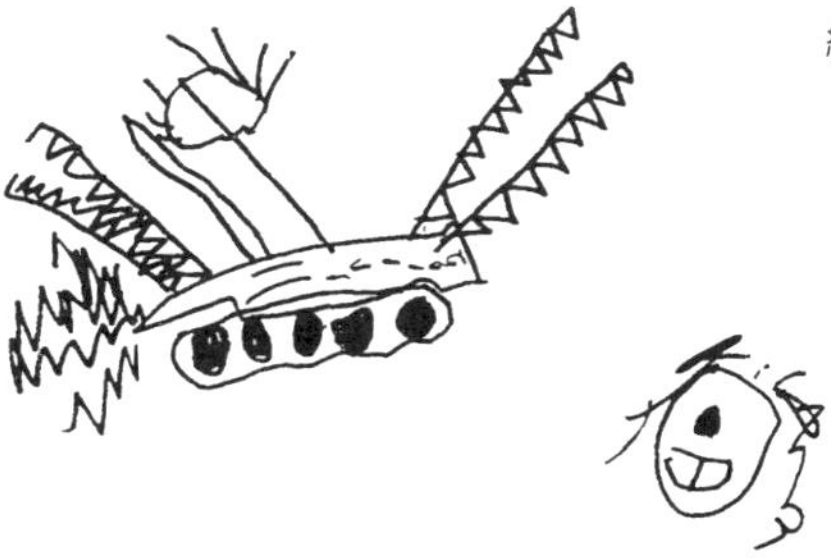

と気になることがあった。彼の絵の中に、「人間」が出てこないのだ。オバケ、戦車ばかり描く（**絵1**）。母親は、「好きなんです」と言う。私は、そうはとらえなかった。彼の中に、「人間が存在していない」ことこそ、最大の課題ではないか、と思ったのだ。

「落ち着き」「人間の絵」、この二つの課題に、私がとった手は「鬼ごっこ」――あまりに唐突かもしれない。

私はこう考えた。

①――落ち着きは、座らせることで身につくのではない。むしろ、体をめいっぱい動かし、体をコントロールする力が、子どもの内側に育つことで獲得される。動くこともできるが、動かないこともできる、それが、落ち着くということの中身だ。

②――そして、こうも思った。鬼ごっこは、「人間関係そのものの遊び」だ。他者とのぶつかりの中で、自分や他者を意識する。その過程で、絵の中にも、人間の絵が登場するのではないか、と。

## ◆出方を変える

ところで俊作にとって、昇太は、当初、まわりへの思惑もなしに激しくぶつかってくる、自分の世界をおびやかす、「うとましい存在」であったにちがいない。

だが、一方の昇太にしても、俊作は「理解しがたい存在」であったはずだ。昇太は、〝これまでと同じように〟、気分のままにふるまった。例えば、(ほしい)と思って、サッと絵本をとりあげる。ところが、とたんに、補聴器がとんでいったり、ガラスが割れたりする…。他の子であれば何でもなかったことが、俊作にかかると、とんでもない〝事件〟になるのだ。

だが、昇太にとっては、この〝爆発〟は、またとない発達の機会となっていった。彼は、いやおうなく、他者の思いを自分の中に取り込まざるをえなくなったからだ。

昇太がロープにぶらさがっている俊作を呼びにいく。近くまで走っていって、立ちどまり、一声「オー」と声をかける。俊作がふりむく。そこを見はからって、昇太がやんわりと、オイデ、オイデをする。かつては、力づくでひっぱっていった昇太が、である。

——俊作はやってくる。

また、昇太の変化に応じて、俊作も変わりはじめる。

俊作が朝来て、昇太の姿が見えないと、「昇太は? 昇太は?」と探す。

いったん、昇太とかかわりをもってみると、活発なだけ、昇太は子どもらしく、おもしろい。鬼ごっこで、昇太はつかまりそうになると、その場でクルクルと回転しだす。回っているとセーフだ、と勝手なルールをもち出す。あるいは、パタッとその場で四つんばいになる。これもセーフだと言う。

だが、そのルールもみんなの遊びの中に取り入れてみると、けっこうおもしろいのだ。

## ◆変化のきざし

俊作の変化のきざしは、日常生活の中に現れてきた。

中庭で地球儀風の回転する遊具で遊んでいたときのこと。

俊作が上に乗って、私が回していた。そのうち、俊作が足を伸ばして、私の頭を踏もうとする。私は踏まれまい、とヒョイとしゃがむ。すると彼は、踏もうとさらにグッと足を伸ばす。しゃがむ、伸ばす、しゃがむをくり返しているうちに、彼が「はやい、はやい」と言い出す。早くまわせ、と言うのだ。

私は知らん顔をして、「おそい、おそい」と返事をする。「はやい」「おそい」「はやい」をくり返しているうちに私はふっと思う。

（これって、かつての感覚遊びではない。すでにかかわりの遊びに変わっている）と。

また、足洗い場で、子どもたちと遊んでいたときのこと。私の後ろを誰かがかけ抜けて

絵2

いった。俊作だ。見ると、チョウチョを追いかけている。あの、無機質の水に〝とりつかれていた〟彼が、水のある場所を通り抜け、生き物であるチョウチョに気持ちを寄せているのだった。

そして、体育が終わったときのこと。着替えたはずなのに、白い半ズボンがない。探しまわったあげく、(もしかして) と思って、彼のズボンの中をのぞいてみた。なんと、白ズボンの上に、ズボンをはいていたのだった。

「ねばならない」の決められた世界に生きざるをえなかった彼が、勘ちがいをした。勘ちがいは、それだけ選択肢が増えたことの証しであった。

――閉じられていた俊作の世界が、開かれつつある。その最大の貢献者は昇太であった。今二人はじゃれあうようにして遊ぶ。俊作は、自分から昇太に組みついていき、足をかけて倒そうとする。むろん、昇太も負けてはいない。だが、むかっていく昇太にも余裕がみられる。

この二人が「じゃれあっている」姿を見て俊作のお母さんが言う。「二人の関係が、「〝地雷〟から〝トムとジェリー〟に変わった」と。「いるとわずらわしい」でも「いないと寂しい」。そんな対等に交わり合う関係である。ぶつかり合いの中で〝ガラスの少年〟俊作と〝自然児〟昇太がともに育ちつつある。まさにそれは育ちの弁証法と言っていい。

絵3

## ◆発達とは自由を獲得すること

昇太の育ちは絵の変化となって現れた。昇太が、人間を描いたのは、突然だった。給食を食べるのがおそい彼に、私はおどしをかける。「食べないと、小さくなっていくぞ。豆みたいになったら足でつぶして、一吹きにフーッと…」、黒板にその絵を私が描いてみせる。すると、昇太が、ムッとして出てきて描いたのがこの絵だ（絵2）。四角は私の足、（踏みつぶされてたまるか）との彼の心意気が、への字の口の形になっている。

そして、九月、「思い出の夏休み」。家族で、海に行った絵だ（絵3）。指まで描いた大きな手。ママの水着は、胸まである。

だが、ふだんの図工では、あいかわらず、オバケ、戦車であった。あたかも、描くべきものがないときは、それで穴をうめているかのようであった。

校内の写生会が、近くの公園であった。彼は、ずっと絵が描けなかった。「好きな香織はどう？」「さっき遊んだシーソーは？」などと、誘いかけても、ウンと言わない。画用紙を前にして、長い間悩んでいた。〝自然児〟昇太が思いあぐむ姿は珍しかった。

（もうここまで）と私が思いかけた、そのときだった。昇太が、ハタと手を打ち、表情

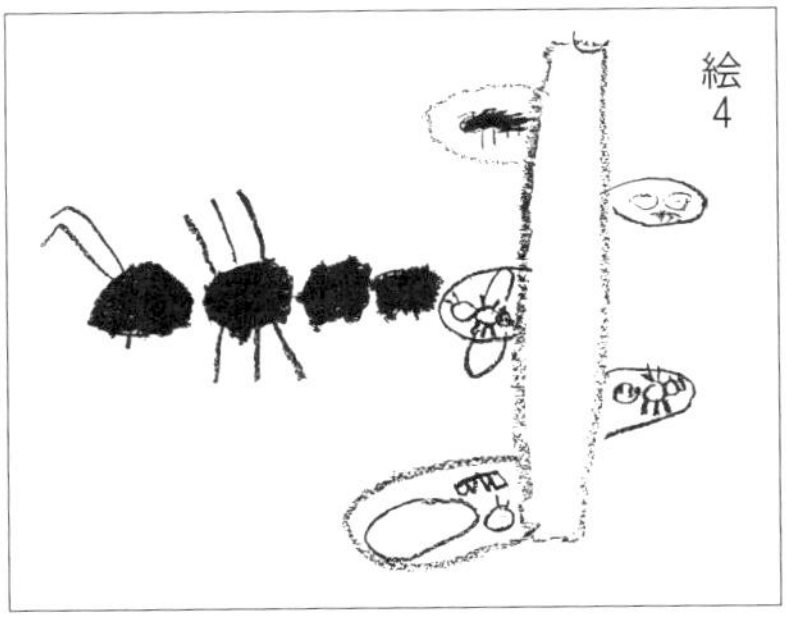
絵4

一気にアリを描く

をパァーッと明るくして、「アリ」と言った。あとは一気呵成《いっきかせい》だった。勢いあまって、黒丸を四つも描いてしまった。足を描き、触覚を描いて終りか、と思ったら、クレパスを持ち替えた。黄土色で、アリの巣を描きはじめたのだ。タマゴ、赤ちゃんアリ、羽のあるアリ、と次々に描き加えていって、最後に、頭、胴体、手がバラバラになった虫まで描く。エサだ、と言う（絵4）。

彼はこれまで、大好きな虫さえ、自分で描けず、介護員さんの手に、自分の手をそえて、描いてもらっていた。その彼が、今、自分がもっとも描きたいものを、自分の手で描きあげたのだった。

「発達とは、自由を獲得すること」、私は胸を熱くしてながめていた。

考えてみれば、彼は描く技術はもっていた。戦車もこまかく描いている。だが、何を描くべきか、その方向が定まらなかったのだ。

生活を意識しはじめた彼が、仲間と遊ぶ絵（友だちとの風船バレーの絵）を描くまでに、さほど日はかからなかった（絵5）。

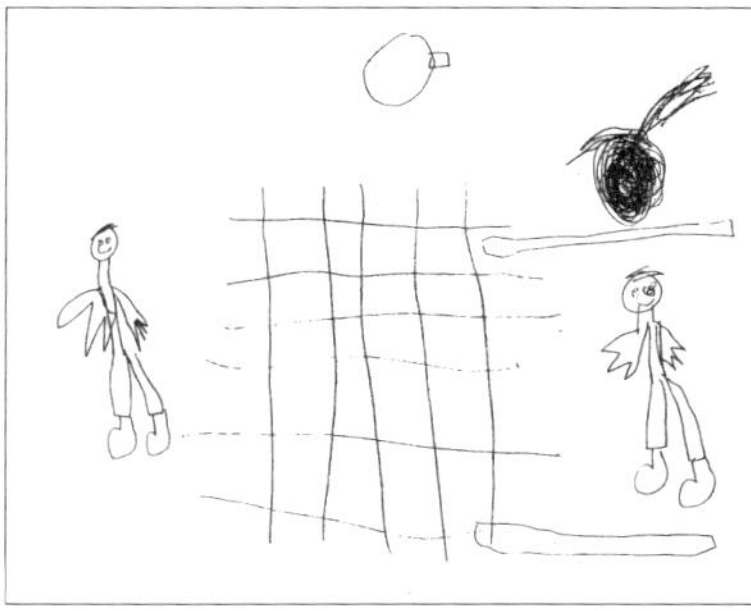

絵5

## ◆ぶつかりあって、他者と自分を知る

俊作と昇太――この二人の関係をあたかも言いあらわしているかのような文章に出会った。

少し長いが引用してみる。（山本健慈「時代は保育園を求めている」『ちいさいなかま』二〇〇〇年一一月増刊号）

……群れがあると必ず衝突が起こる。衝突が起こると、自分とはちがう他者を意識せざるを得ない。

自分とはちがう他者を意識すると、自分と他者とのコミュニケーションの方法をもつことが切実な課題となる。

自分の好きなおもちゃを人が持っていると、そのおもちゃを取りにいく。これはいいとか悪いとかではなくて、彼自身の欲求がさせている。でも向こうも自分の欲求があり、衝突が起こる。しかし、おもちゃは一つしかない。折りあいをつけなければならない。自分の欲求を伝えるための、ことば、表情など、いろんなスキルを見つけなければいけない。

コミュニケーションの方法を見つけなければならない。同時に自分ががまんして相手に譲るとか、あるいは、いまは相手に譲ってもらって次には相手に譲るとか、自己抑制の力もついていく。

群れの中では、コミュニケーションの能力とともに、自分というものの特質をつかむことができる。

同じ状況であっても、私と他者の感じ方のちがいを知る。ぼくにとってはあまり腹が立たないことだけれども、彼はすごく怒っている。そうすると、「ぼくとはぜんぜんちがうものの感じ方をする人間が存在しているんだ」ということがわかる。こうして自分自身が何者であるかということがわかり、相手が何者であるかということも認識もできる。

けんかが強い自分であるとか、けんかは強くない自分であるとか、相手はずる賢いやつで、自分はずる賢くない人間であるとか、そういう群れの中で自分を知り、相手を知り、そして相手に応じたコミュニケーションの方法を獲得していく。人間としての基礎が育てられる。「生きる力」と言い換えてもいい。……

これを読んだ昇太のお母さんが書いてくれた。「まさに昇太と俊作君ですよね。保育園に行ったとき、昇太は普通の保育園に入りました。昇太には、人とのかかわり方を学んで

手乗りのハト

ほしいと思って行かせました。たしかにたくさんの子どもたちの中で、みんなと行動すること、自分のやりたいことだけでなく、他の子と同じことをするということは何となく感じていたと思います。でもやっぱりあの一年間はお客さんだったと思います。仕方のないことかもしれないけれど、まわりの子どもたちは、小さい昇太をかわいがってくれました(特に女の子)。先生は、昇太がわかってもわからなくても、かまっている暇がなく、担当の先生は昇太のやりたいように動かしてくれました。だから、今の俊作君とみたいに、他の人のことを考えて行動する、衝突しながら学ぶということはあまりなかったと思います」。

## ◆近所のハトを手乗りに

人間関係ができつつある俊作に、思いがけない行動があらわれた。彼が学校の門に入ってくる。すると校舎にとまっているハトが俊作をめがけてドーッと舞い降りてくる。

その近所のハトを「手乗り」にしたのだった。

俊作が、ハトにかかわるようになったのは、四年生の三学期以降であった。

――そのいきさつはこうだ。

俊作は、小鳥小屋によく入っていた。それは、他の子から〝避難〟できる場であり、水あそびの場でもあったからだ。中にカメの池があり、そこに水を満たす。あるいは、コンクリートの上に落ちたエサを水で洗い流す。

俊作は、来る日も来る日も水を流していた。そして、その水は、小屋から出、地表をつたって側溝にまで流れていった。その水に、近所のハトがエサを求めて、舞い降りていた。だが、水にのみ〝とらわれていた〟彼には、金網一枚外のハトは目に入らなかった。その彼も、昇太とぶつかることによって、だんだん世界が広がり、生き物であるチョウチョにも目が向くようになっていった。

そして、金網一枚外を見ればハトがいた！

ある日から、俊作は小屋を出て、直接ハトにエサをやるようになった。彼は、スーパーでエサを買ってまで与えるようになった。

そのうち彼が、物置にあるエサを取りにいくと、その後を、ハトが列をなして、ついてくるようになった。それはあたかも、「ハメルンの笛ふきのネズミ」のようだった。

そして、ついに、ハトが俊作の手にヒョイと乗るまでになった。

俊作は家に帰るとき、ハトに、「あ・り・が・と」と挨拶をして帰っていく。私が横合いから、「竹沢先生にありがとうは？」と言うと、「ナイ！」と言ってニッと笑って帰っていく。

俊作はまさに、ハトと心をかよわせているのだった。

人とかかわり、閉じられた世界に揺さぶりがかけられ、「もっともめんどうな存在」＝人間をも受け入れる力が育ちつつある俊作。その彼にとってハトは、働きかけに応じてくれる、手頃で、確かな存在でもあった。

俊作が中庭でエサをやっている。すでに、二時間め開始の九時五〇分はすぎ、一〇時になっている。

私が言う。「俊作、1（一〇時五分）になったら教室に来るんだよ」。すると俊作は、かぶりをふりながら、「3」と言う。一〇時一五分になったら来ると言うのだ。二時間めは、一〇時三五分に終わる——。（……）、私は苦笑しつつ、了解する。

一五分、彼はやって来た。（すごい！）。「五分」なら、私に言われて来たことになる。だが、「一五分」で来るのは、まさに、自分の意思で来たことだ。わずか一〇分のちがい。だが、俊作は、その一〇分間に、「折合い」をつけ、自分でやってきたのだった。

自分の中の情動と行動にどう折合いをつけるのか、あるいは、他者と自分の思いのズレをどう乗り越えるのか——こうした矛盾をくぐりぬけてこそ、真に生きる力が培われる、と思うのだ。

## ◆人を恋う俊作

俊作のお母さんは、運動会のあと、連絡帳に次の文を寄せてくれた。

「運動会という日は、これまで私にとって決して楽しい思い出ばかりではありませんでした。行進ができない、音楽や、先生の指示を待てない、自傷などなどの俊作を見ているのがつらい数時間。そういう気分のときは、お弁当つくるのも苦痛で、いっそ運動会が中止になればいいのに…と思う日もありました。

でも今年は、本当に心から楽しみに待っていられましたし、一日があっという間にすぎた運動会でした。ラジオ体操も上手にやって、ホント涙が出るほどうれしかった。

こんな日がくるなんて、思ってもみなかったので、うれしいうれしい一日でした」

五年生の秋。

俊作は、一日の授業が終わると、そそくさと幼稚部の中庭へ走っていく。幼稚部には、あの激動の小三のとき、介護をしてくれた石川先生が、一年半ぶりに、産休代替として来ていた。彼は、ジャングルジムの一番上にのぼる。そこが二階の職員室に最も近いからだ。

彼は叫ぶ。「いしかわ〜」。ときには、モールで作ったハートを差し出しながら…。あの無機質な水に〝とりつかれるようにして〟こだわっていた彼が、今、人を恋うるまでになっている。

――「発達とは、閉ざされた世界をみずからの手で解き放つこと」「指導とは、その自由獲得への援助」、そんなことを教えてくれているのだった。

## ◆かけがえのない存在に

二人が出会って、四年たった。

俊作は六年、昇太は五年になった。

――運動会。

俊作は、小一の運動会のとき、音楽がかかるたびに、グランドに額を打ちつけていた。血がにじむほどに。母親が、（いっそ運動会が中止になればいい）と思うほどであった。

その彼が、小六の今、運動会の最終種目、赤白リレーで、通常学級（ろう学校の）も交えた白組のアンカーとして走ろうとしていた。

私は、「最悪の事態」を懸念して、身を固くしていた。今は、一点差で白が勝っている。

よりそう

だが、得点二点のリレーで負け、総合でひっくり返される――。これに俊作は耐え切れるだろうか。

よーい、ドン。一年、二年…五年と、白組は、二、三メートルのリードで、俊作にバトンタッチした。

（ああっ、ぬかされる）。何しろ、赤のアンカーは、通常学級の幸夫、児童会長をつとめるほどの子だ。

だが俊作は、練習で見せたこともない勢いで、懸命に逃げる。自閉の彼が、二度、三度と、後ろをふりむき、他者を意識しながら走る。会場が歓声に包まれる。

俊作がゴールに飛び込む。「勝った！」。私は彼の頭を抱きかかえた。小一の彼を知る誰が、今日の姿を予測しえただろうか。

（これは、白組の勝利などではない。これまでの教育の勝利だ）

二日後、母親から感想が届いた。

「感激と感動をたっぷりと味わわせてもらった最高の一日でした」

――卒業式。

二人に別れの日が迫っていた。

卒業式の前の日、昇太が俊作に寄りそうようにして何かを言っている。「小鳥小屋の鍵の番号を教えろ」と言っているようだ。俊作が卒業した後は、自分がエサをやる、というのだ。その番号は「八一〇（ハト）」、私は思わず笑ってしまった。

そして卒業式の日。卒業式が終ったあと、帰り道でのようすを、昇太の母親がこう書いてくれた。

「帰り道、五、六分くらいの間、うちの車の後ろを、俊作君ちの車がついていたんです。その間、ずーっと、昇太は、車の後ろで、手を振ったり、（身ぶりで）話しかけたりしていました。途中で、俊作君の車が、曲がっていってしまっても、しばらく、ボーッと見ていました。その後、半べそをかきそうな顔で座り直し、それでも、ぐっとがまんしていました。自分の中で、納得させているようでした。俊作君と、かけがえのない関係になれたんだなぁ、とうれしく思いました。昇太には、本気で、本当の意味での友だちはずーっと、できないんじゃないか、と思っていました。時間はかかったけれど、友だちになれて、自分以外の人間を知ることができた、本当に、大切な出会いだったんだなぁ、と思います」

――（どの子も変わる）、（人間って、こんなにステキなんだ）、二人は私にそう確信させてくれた。

〈実践記録、私の書き方〉

# 「小さな変化」にこだわり、事実を綴っていく

## ◆実践記録を問うことは、実践を問うこと

実践記録を問うことは、何よりも、実践そのものを問うことです。

ここでは、「〝天敵〟がかけがえのない友に変わるとき」の実践記録を、私自身が、どのようにまとめていったのか、を記します。

直接「書き方」に入る前に、二つのことにふれます。

公園のハトにもエサをやる

（一）私がこの実践記録を書こう（書きたい）と思ったのには、二つの理由があります。

①（子どもって、ここまで変わるのか）――俊作や昇太の発達に、文字どおり、「子どもの無限の発達の可能性」を実感したからです。

②（「人間関係を結ぶ力」はどのように身についていくのか）――今、障害をもたない子も、人と結びついていく力に弱さをかかえている。そのなかで、俊作と昇太の育ちが、典型的に私たちに示唆を与えてくれる、と思ったからです。

## ◆大切にした二つの実践原則

（二）私が、この実践の中で大切にしたことを二つあげます（私の、詳しい実践原則は、『子どもの真実に出会うとき』参照）。

①――問題行動を発達要求ととらえる

問題行動一色の子はいない。にもかかわらず、大人の私たちが、それにこだわってしまいがちです。問題行動の中に、屈折した形でしか表わせないその子のねがいがある――それを汲み取ることこそ、実践の出発点です。

同じ俊作であっても、香織への気持ちが働いているときは、鬼にタッチされても、床に頭ガンガンをしない。床ガンガンをやめさせることが私の課題ではない。彼のなかに人と交わる力を育てることが私の仕事――その力が彼の内側に育ってきたとき、いつの間にか、床ガンガンが消えていったのです。

ただ、念のために言い添えます。

「問題行動を発達要求ととらえる」、と言ったからといって、「問題行動」を前にして手をこまねいている必要はありません。俊作が、頭ガンガンをしているとき、ダメならダメと言えばいいのです。ただし、（ダメと言っても止まらないだろうな）、と思いつつ、「当面の対応」と「長期的な対応＝人と交わる力を育てる」との、両方を考えるのです。よく、ＡＤＨＤ（注意欠陥多動性障害）の子は、できるだけ叱らないほうがいい、と言われたりします。そのとおりです。けれども、まったく叱らないで、子育てや実践はできません。叱られても、その子が総体として、受けとめられているという実感がもてるようにすれば、いいのです。

**②――できないことの一つずつ、をできさせようとするのではなく、その子の中心的な課題に手厚く働きかける。**

「落ち着きのない」昇太を座らせることが教育ではない。鬼ごっこから迫っていって、むしろ動きまわらせて、自分自身をコントロールする力を、彼の内側に培おうとしたのです。そうした遊びをとおして、彼は、他者を知り、自分を知っていく。その過程で、人間をも描いていったのです。

今、現場では、行政主導の「個別の指導計画」が一人歩きしそうな状況にあります。

「はじめにプランありき」——スモールステップをあげ、その項目の一つひとつをこなすようにしてできさせていく働きかけは、実践の名に値しません。

働きかけをとおして、子どもをとらえ直し、それに応じて、私たちの働きかけそのものを変えていく——これが、本来の教育です。

ちなみに、「個別の指導計画」の出所ともなっている「特別支援教育」について、一言だけふれておきます。

私のこの実践は、「特別支援教育」的な発想と真っ向から対峙するものと思っています。「特別支援教育」——障害児学級をなくして、通常学級に籍を置き、時に応じて、「特別支援教室」に通ってくることに象徴的に示されるような教育。そこには、子どもの対等な人間関係（仲間集団）や安定的な生活が存在していません。俊作や昇太にみられるように、「対等な仲間」と「居場所＝自分のペースに合った生活」の中から、子どもの要求が生ま

オオカミの手袋をはめてやる

れ、発達の主体者が育ちます。「特別支援教育」によって奪われるもの、それは、子どもの「権利としての生活」なのです。

## ◆「事実をつなぐ」と見えてくる意義

では、こうしたねらいをもっての実践を、記録として、どのようにまとめていったのか、以下に書いてみます。

子どもは毎日、キラッと光る行動を示してくれます。私の心が動かされた出来事や疑問を感じる場面があったら、それをメモに書いたり、心に焼きつけたりします。

そして、その日の帰りまでに、保護者への連絡帳に、一日の中で、もっとも印象に残ったことがらを記します――これが私の記録のはじまりです。

例えば、俊作の連絡帳はこんなぐあいです。

○月○日

俊作が絵本を見ている。昇太が横からチョーダイ、チョーダイをする。俊作がチラッと横を見て、それでも見続ける。最後まで見終わる。

その間、昇太が待っている。見終わったら、ホイと俊作が渡す。そして、俊作は立って新しい本を取りに行く。

二人は何事もなかったように本を見続ける。

――（おおっ、去年だと昇太がパッと取る。俊作が床に額を打ち続ける…。あぁ二人とも変わったな）と見ていました。

ところで私は、印象的なことがらを連絡帳に書くだけでなく、給食のときや職員室に戻ってきたときなど、他の先生に話してみます。声に出し、他の先生の反応を知ることで、自分の中にいっそうその事実の意味が意識化されます。

このような半年なり、一年なりにわたる連絡帳からピックアップしたいくつかの事実を、ひとまず、時間の流れにそって、並べてみます。けれども、それでは、経過報告にすぎません。生み出された変化と、それを生み出したと思われる要因などもつけ加えて、再構成することが必要です。

ひとまとまりの文章にするためには、「テーマ」をはっきりさせることが大切です。ひとまず（はじめは、ひとまずでいいのです）、どのようなテーマであったら、目の前の事実を破綻なく、結び合わせることができるか、に心を砕くのです。

俊作で言えば、こうでしょうか。

「〝思うにまかせないこと〟を克服しながら、人とどのように交わるようになってきたか」。

## ◆仲間の中で「メモから構想化へ」

（あの事実は、このテーマのどこに位置づくか…）、私なりの位置づけメモが、「メモ1」（一〇五ページ）です。そして、それをさらに整理したものが、「メモ2」（一〇四ページ）です。

メモに関わって二つほど述べます。
①——事実の全体的な位置づけ＝構想化は、実践記録を書くときの難所だ、だからこそ、仲間の力をかりる、と第一章で書きました。
この、事実の位置づけで、かつて、こんな試みをしたことがあります。

山田先生が、子どもの事実（メモ）を一つずつカード化し、磁石黒板にはりつける。そして、「口頭」で報告する。それを受けて、参加者が、自由に発言し、次第に意味づけをし、関連するカードを動かして、いくつかのグループにまとめていく。こうした作業の「あとに」、山田先生が文章化していく。

――実は、このような操作を、私たちはふだん、「自分の頭の中で」「一人で」やっているのです。それを、「頭の外に出して」「仲間の力をかりて」やってみようとしたのでした。

②――「メモ1」から「メモ2」にまとめ直すとき、改めて気づいたことがあります。

実践の終わりのほうでの、劇的な変化（「人を恋うる」「赤白リレー」など）が生まれる前に、それらを準備するかのように、小さな変化がおきていたことです。

「感覚の遊びから、かかわりの遊びへ」、「着がえの勘ちがい」、「チョウチョを追う」などがそうです。

実践では、こうした「変化のきざし」ともいうべき、小さな変化を見逃さないことの重要性を考え、実践記録の中でとりたてた扱いをしてみました。

## ◆「イメージを伝える」とわかる

ところで、「文章を書く直前」になっても、（いや、直前だから）参考文献を読みたくなります。けれども私は、努めて読まないようにします。「本を読む活動は、思考を広げる

〈メモ2〉

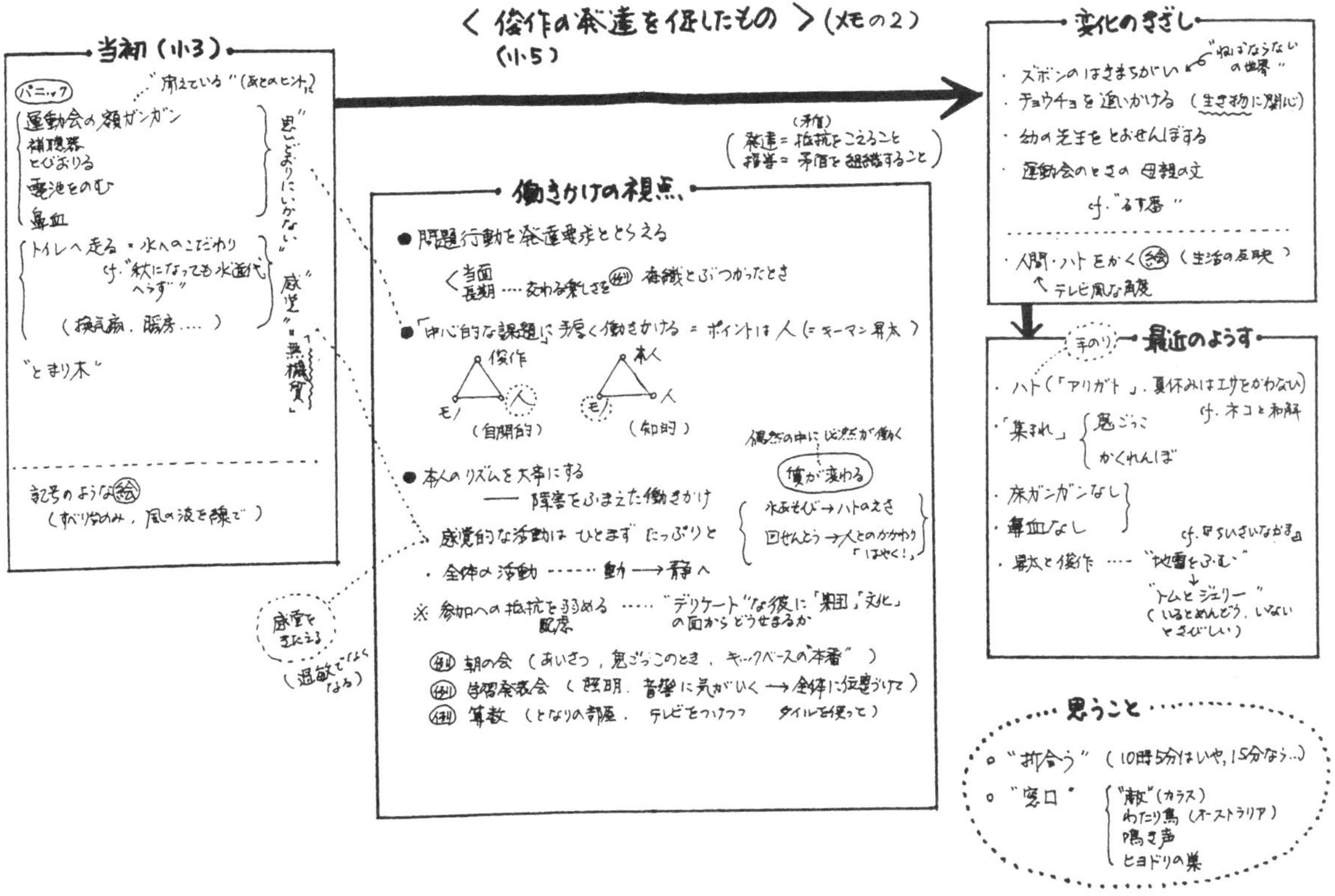
〈 俊作の発達を促したもの 〉（メモの2）
（小5）
当初（小3）
パニック
運動会の嶺ガンガン
補聴器
とびおりる
電池をのむ
鼻血
"覚えている"（あとのヒントに）
"思いどおりにいかない"
トイレへ走る・水へのこだわり
cf."秋になっても水遊びへらず"
（換気扇、暖房……）
"感覚"
"無機質"
"とまり木"
記号のような絵
（すべり台めのみ、風の波を線で）
（矛盾）
発達＝抵抗をこえること
指導＝矛盾を組織すること
働きかけの視点
●問題行動を発達要求ととらえる
〈当面
長期……変わる難しさを 例 意識とぶつかったとき
●「中心的な課題」に手厚く働きかける ＝ ポイントは人（＝キーマン昇太）
俊作
人
モノ
（自閉的）
本人
モノ
人
（知的）
偶然の中に必然が働く
質が変わる
●本人のリズムを大事にする
—— 障害をふまえた働きかけ
感覚的な活動は ひとまず たっぷりと
水あそび → ハトのえさ
回せんとう → 人とのかかわり「はやく！」
・全体の活動 …… 動 → 静へ
※ 参加への抵抗を弱める配慮 …… "デリケート"な彼に「集団」「文化」の面からどうせまるか
例 朝の会（あいさつ、鬼ごっこのとき、キックベースの"本番"）
例 学習発表会（照明、音響に気がいく → 全体に位置づけて）
例 算数（となりの部屋、テレビをつけつつ タイルを使って）
感覚をきたえる
（過敏でなくなる）
変化のきざし
・ズボンのはきまちがい ← "ねばならない"の世界"
・チョウチョを追いかける（生き物に関心）
・幼の先生をとおせんぼする
・運動会のときの母親の文
cf."るす番"
・人間・ハトをかく 絵（生活の反映）
↖テレビ風な角度
手のり
最近のようす
・ハト（「アリガト」、夏休みはエサをかわない）
cf. ネコと和解
・「集まれ」｛鬼ごっこ
かくれんぼ
・床ガンガンなし
・鼻血なし
cf.『ちいさいなかま』
・数と俊作 …… "地面をふむ"
↓
"トムとジェリー"
（いるとめんどう、いないとさびしい）
思うこと
○"折合う"（10時5分はいや、15分なら…）
○"窓口"｛"敵"（カラス）
わたり鳥（オーストラリア）
鳴き声
ヒヨドリの巣

〈メモ1〉

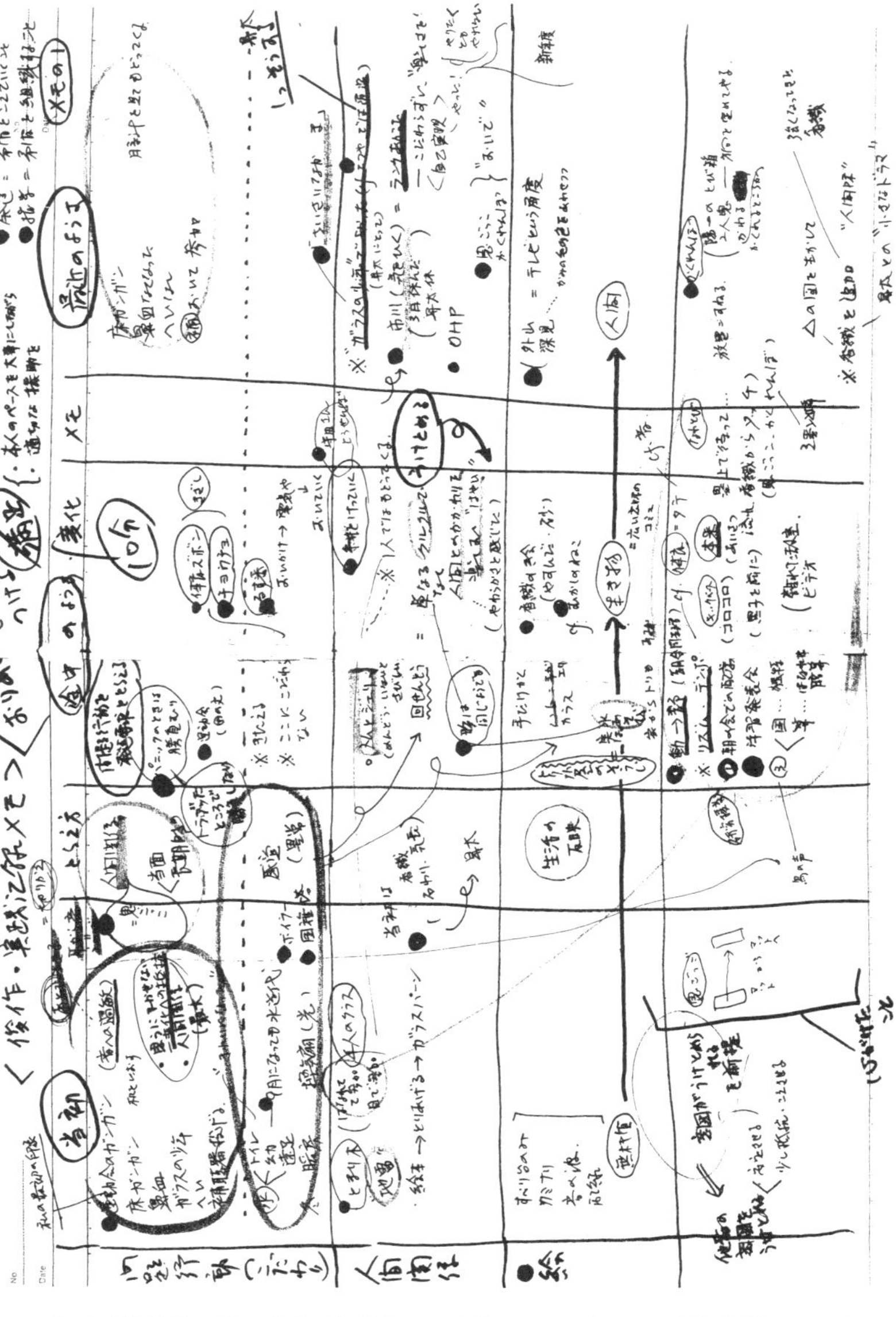

こと」であり、「文章をまとめる営みは、思考をしぼり込んでいくこと」だからです。今はともかく、手持ちの事実で何が言えるかに気持ちを集中させるのです。

実践記録を書くとき、私が心がけていることを記録の流れにそって、いくつか記します。

### ①——出会いをエピソード風に描く

文章の冒頭には、「子どもとの出会い」を描きます。

私は、読み手が、子ども像をできるだけ早く結べるよう、エピソード風に描きます。

私がここで、「書く」と言わずに、「描く」と言っているのには意味があります。エッセイスト水野麻里さんが、「イメージが伝われば、わかる文になる」、と言っていることに共感するからです。(『プロの書き技』新風舎)。

②——次に、こうした出会いから、「**実践の課題をどう引き出していったのか**」を書かねばなりません。私の場合、子どもとの出会いは、ほとんどが、問題行動との出会いです。

一見否定的に見える行動の中から、実践の糸口をどう見つけるか(見つけたか)、——ここが実践の第一のヤマ場であり、実践記録の中で、どう納得的に記されるかは重要です。

私は、先の実践記録のなかで、二つの働きかけの視点をあげました。「問題行動を発達

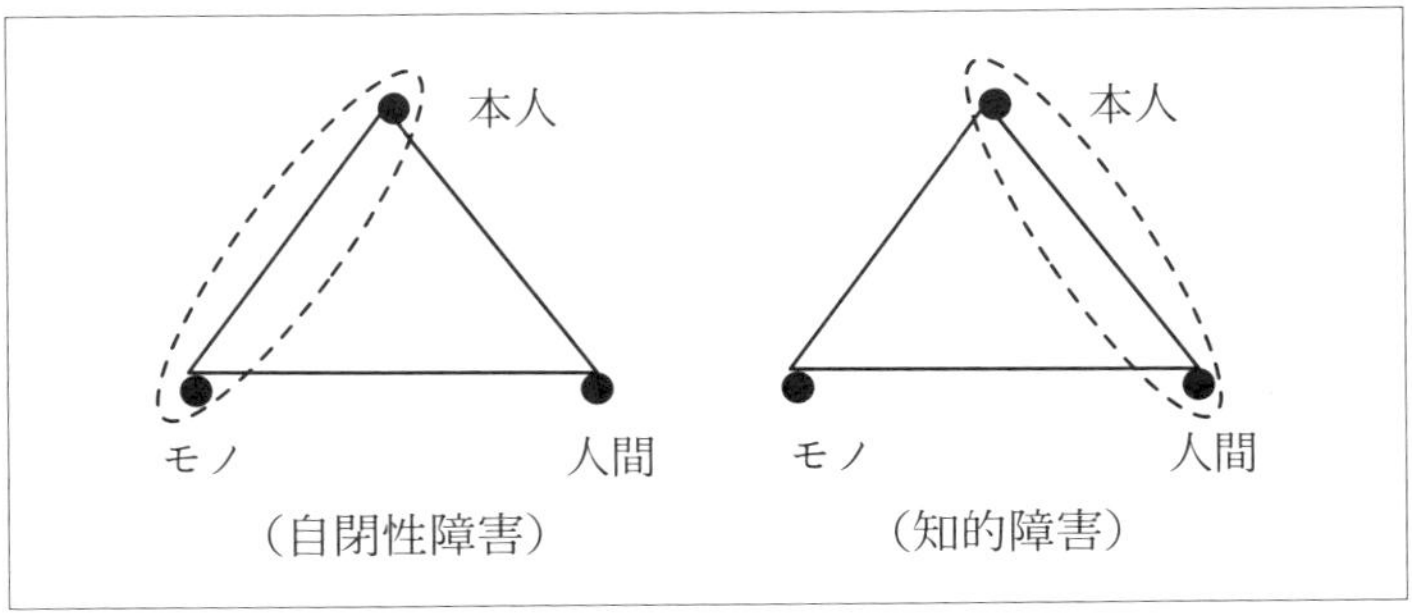


要求ととらえる」「感覚の世界を卒業するようにして」、です。

実は私は、もう一つ考えていました。

自閉的な子は、モノと自分との間に閉じられた世界（俊作の「俊作―水」というように）をつくりあげてしまいがちです。ですから、そこに、「人間を介在させて」、「本人―モノ―人」の三つの世界をどう成立させるか、が大切です。**（三角の図）**

また、知的障害の子は、人とは愛想よくかかわれるが、モノとかかわらせて、学習や作業をさせると不十分さが目立つ。となれば、「本人―人」との間に、「モノ」を割って入らせて、三角の関係が成り立つようにする―そんなことをおさえての実践の展開でした。

③―あと、**具体的な場面で描いていく**ことになります。小さな変化と、それを意味づけながら記します。ここでも先ほどの「イメージを伝える」を生かします。

イメージが伝わるためには、その子だけを描くのではなく、「教師の働きかけ―子どもの行動」、「子どもの動き―他の子の反応」など、「働きかけ」と「かかわり」を描くことに留意します。それによって、子どもの心の動きまでが伝わってくることになるからです。

実践記録は、一回で書きあげる必要はありません。ひとまずの報告―集団での話合い・意味づけ―文章化―集団での検討―書き直し…。

三びきの子ぶた

　私のこの実践記録は、こうしたサイクルで三回、いろいろな研究会で報告し、そのあと雑誌に載せたものです。

　こまかな書き方は、第一章でふれました。

「題・小見出しは、中身を的確に伝えるものに」、「主語に『私は―』をつけて」、「文は短かく、『である』調で」、などなど。

　最後に、一つだけ、つけ加えます。

　冒頭を、子どもの事実から出発したように、「まとめ」も、子どもの事実で、しめくくりたいものです。

　せっかくの実践記録が、「まとめにかえて」との小見出しで、平板なことばや概括的なことばで、終わっていたりすると、もったいない気がします。

　私は、終わりにふさわしい事実は何か、値打ちある事実を含んだ場面は…と思いをめぐらします。

　――卒業式のあとの「車の別れ」。

〝天敵〟であった二人が、まさに「かけがえのない友」になったことを、どんなことばより見事に「まとめて」くれています。

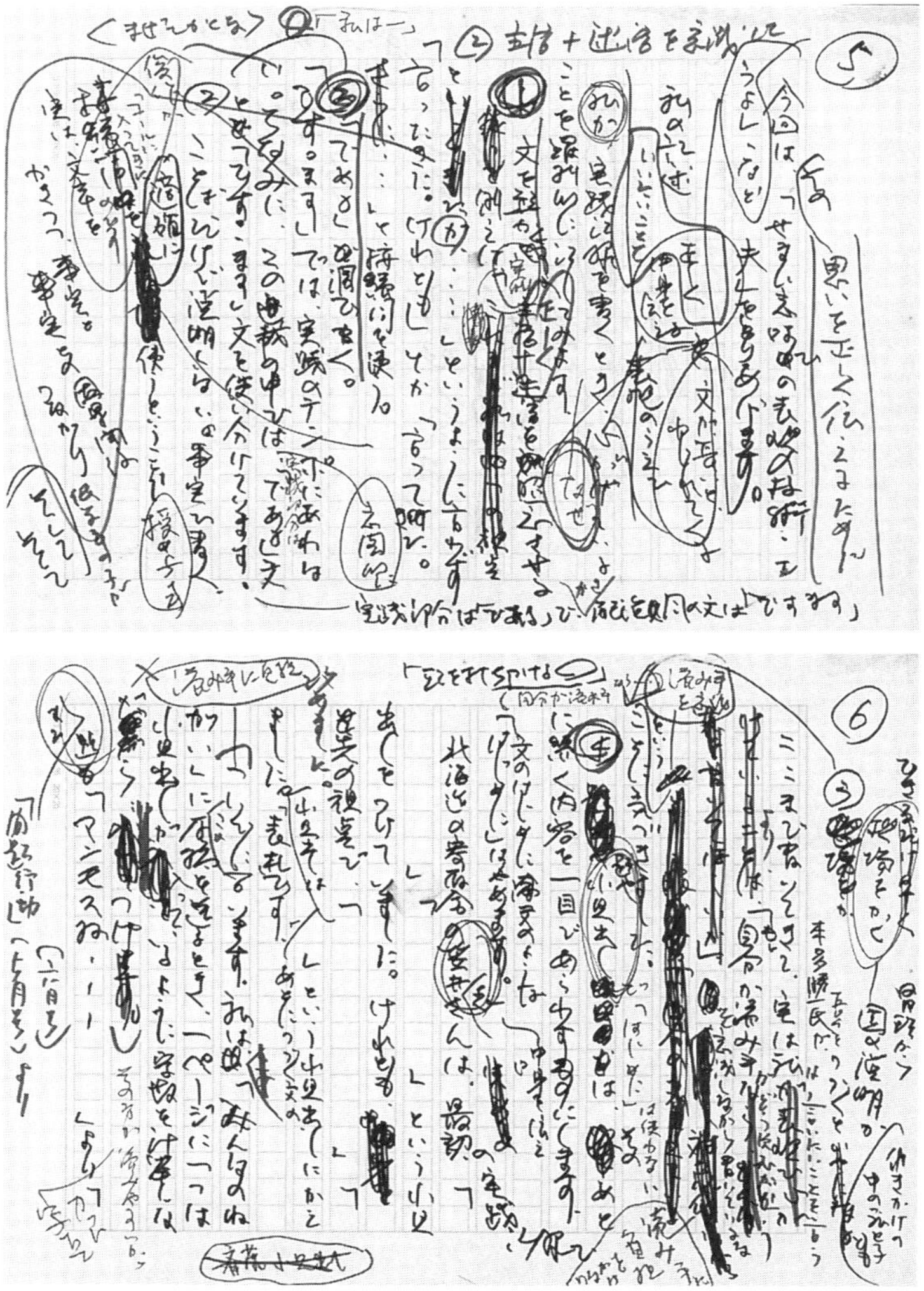

書き損じの原稿

第３章

# 実践記録Q＆A

## 〈テーマ1〉私の実践記録史

先生は、教師生活のはじめから、実践記録を意図的に書いてきたのですか。転機となる出来事などがあれば聞かせてください。

### ◆発表できなかった実践記録

せっかく書いた実践記録を、出さなかったことが、三回もある――。

石川県の生活教育研究会に提出するつもりでした。けれども、当日、すわり机の下に置き、(いつ出そうか)と思いつつ、ついに出さずに持ち帰ったことが三回もあるのです。出して、批判されるのが怖かったのです。

そんな私が、まがりなりにも記録を書き続けてきたのは、「書くことはしんどいこと、でも、いいことがある」と思えるようになっていったからです。

でも、はじめから、スンナリと書いていたわけではありません。

二〇年以上も前の「明子の記録」を思い起こすと、今でも、恥ずかしさと申しわけなさで、身のおきどころのない気持ちに襲われます。

明子(中一)は、聴覚障害と自閉傾向をあわせもっていた。給食の食器を返しに行ったはずなのに、別の校舎の図書室にいる。水汲みに行ったのに、保健室に入り込んでいる——。そんな明子を受けもって半年。必要があって『発達』七号(ミネルヴァ書房)を開いた。読み進み、一つの文を見たとたん、体中がカァーッと熱くなり、ただぼう然となってしまった。私の決定的な誤りが指摘されていたからだ。

「発達の各段階における表現活動はすべて等価である」(新見俊昌)

私は、この四月以来、明子がグチャグチャとかいたものを、ほとんど、まともに見ることもなく、ごみ箱に捨ててきた。その一方で、志穂の絵を「人間が伸び伸びと描かれている」などと思い、それだけは保存してきていたのだった。人間をかくことなど、ついあたりまえのように思い込んでいた。だが、そこには、まさしく、「人間がかけるように、なっていく」と書かれているのだった。

(とり返しのつかないことを…)。

せめて、今からでも、と思い直し、改めて明子に紙を渡してみた。

明子の「ぐるぐるまき」

一宮ろう学校高等部生徒共同作品
「聴覚障害者の歴史」（墨絵）

川にすてられたろう者（古代ローマ）

こじきになったろう者（江戸時代）

するとあれほど私が苦々しく見ていた明子の「グチャグチャ」は、見事な「ぐるぐるまき」の絵になっている。だが、私の目にはただの「グチャクチャ」にしか見えていなかった。見通しをもって子どもを見る――そうした視点を欠くことが、いかに恐ろしくむごいことを平気で子どもに犯してしまうことか。とり返しのつかないことを――。

でも、振り返り、まとめようとしたからこそ、その誤りに気がついたのです。書こうとしなければ、それさえ気付かずにすぎてしまったかもしれない。

彼女へのまちがった対応や私の迷いなども書き、記録を仕上げました。そして『障害児の保育と教育』（全障研出版部、現在は廃刊）に提出しました。

ところが、意外にも、好評でした。それまで、「竹沢さんの話はおもしろいが、文章はつまらない」と言われたりしていました。

そうだったのです。私はそれまで、自分の弱さや迷いなど、ほとんど書き込んではいませんでした。それが、客観的で科学的な記録の書き方だ、と思っていたからです。けれども、実践者としての迷いをも書くことで、読み手が共感的に受けとめてくれたのでした。

今私が、「『私が――』、という主語を書き入れて書く」、というとき、それはた

私たちのつくった学習会（現在）

んに、文章の形式を言っているのではないのです。

実践記録に、「実践者としての意図や内面を書き込む」ことをさしているのです。

それが、実践主体になるための確かな一歩であり、読み手との共感の「橋わたし」にもなるからです。

## ◆仲間から学ぶ場・サークル

私が実践記録を書くうえで、幸いだったことが二つあります。

一つは、ろう学校に勤めていたこと。

二つは、サークルに所属したこと。

（1）ろう学校では何よりも、「事実で語ること」が求められました。

中学部や高等部の生徒に、社会科で、「政府」や「幕府」と言っても、ポカンとしていました。耳が聞こえず、ことばの不自由な彼らには、イメージのもちようがなかったのです。

よく、「ろう児は、ことばがわからないから、わからないのだ」、と言われていました。

私はむしろ、こう思ったのです。

「ことばだけ知っていて、そのことばのすそ野に横たわる事実の裏づけがないから、わからないのではないか」

中学部の生徒は、こんなストレートなたずね方をしてきました。

「縄文時代は、春、何を食べていたの？　夏は？　秋は？　冬は？」

——まったく具体的な問いです。

春は、木の芽がとれたり、貝がとれたりするからまだいい。だが、冬ともなれば、食べ物がなくなり、シカやイノシシにしても、未熟な道具ではいつとれるかわからない…。ここから、次の、栽培の必要性（米づくり）が生まれてくる——。

ことばだけで、〝説明する〟のではなく、「自分の生活実感や事実とつきあわせ」、「イメージを人間の像として結晶させる」——こんな日々の授業が、実践の記録を「事実で書く」ときにも、生きて働くのです。

（2）記録は、まわりからの刺激を受けつつ書く

私が、実践記録を書くときの、最大の支えはサークルでした。

私は二つのサークルに所属してきました。

「全国障害者問題研究会」――ここでは、一見、否定的に見える行動の中に、その子の可能性を見出す「発達的な見方」を教えてもらいました。

「日本生活教育連盟」――では「子どもの人間らしい生活をはぐくみ、要求の主体者を育てることの大事さ」と、「障害児教育は、〝特殊な教育〟ではない。普遍的な教育の一環なのだ」ということを学ばせてもらいました。

受けとめられるなかで自分が自分らしくなれる――それは子どもだけでない。サークルの中の私がそうでした。

## 〈テーマ2〉今から取りかかれること

忙しい毎日です。とても「実践の記録」どころではありません。
どこから手をつけたらいいですか。

（今、個別の指導計画など、提出すべき書類が多く、とても、「実践の記録」を書いている余裕がない）、というのが正直なところかもしれません。

けれども、こういうときだからこそ、立ちどまって、現在私たちがやっている教育活動が本当に意味あるものなのかを、吟味する必要があります。

まして、私たちの元気の源は、実践——子どもたちの変わりゆく姿です。

ここに書くことを位置づけたいのです。

### ◆まず、連絡帳から

日常的に可能で、書くことが子ども理解に結びつく——それが私にとっては、保護者との「連絡帳」です。

そこには「キラッと光る今日の、その子の姿」＝「子ども発見」ともいうべき事実を書くのです。

私が連絡帳を書くとき心がけていることを二、三あげてみます。

①――「いいこと」は、その日、文章で。「悪いこと」は、頃合をみて、口頭で。

書きことばは、くり返し読むことができます。そこに、わが子の「悪いこと」が書かれていたら、親は何度も読み返して、さらに気持ちを沈めていくことでしょう。もともと書きことばは、強く響くことばです。しかも、忙しい時間の中で、舌たらずな表現になっているとすれば、親は傷つきもします。わが子の調子が悪いとき、親も疲れ、受けとめる余裕を失っています。少しもち直した頃を見計らって、「お母さん、この間のね…」と話しかけるのです。

そして、一方、文章でうれしいことが書かれていれば、くり返し読み、それによって、いっそう胸ふくらむ思いになります。――だから、その日、文章で、なのです。

②――とは言っても、子どもの変化（変化のきざし）を見つけられないときもあります。そんなとき、私は、心の中で（申しわけないな）と思いつつ、こんな書き方をします。

一、二日前の出来事で、十分書ききれなかったことを、もう一度、補いながら書くので

隼人、絵の会

す。「きのう の○○の件ですが…」

③——私が、心がけているもうひとつのことは、「ひとつもらったら、ふたつ返す」ということです。

ことばの指導で、よく、「ひとつもらったら、ふたつ返す」という言い方をします。「マンマ」、と子どもが言ってきたら、「そうだね、マンマ、おいしいね」と、ことばをふくらませて、受け応えします。それを連絡帳でも生かすのです。親が投げかけてきたことを、私なりに受けとめ、意味づけ、より深く事実を共有する、と言っていいでしょうか。

聴覚障害で、「多動」の隼人のお母さんが、こう書いてきました。「お父さんは、前は、私の通訳を通してでしか、隼人と話せなかった。でも近頃は、直接二人で話をしています」と。

私はそれを受けてこう書きました。

「それって、ひとつは、隼人の意思がはっきりしてきて、(何としても伝えよう)と思うようになってきたこと、もうひとつは、隼人の行動全体が、より目的的になったから、少し離れて見ているお父さんにもわかりやすくなった——だから話もできる、ということでしょうね」

「読みたくなる連絡帳」、そんな連絡帳が手元にあれば、そこから、事実、エピソードを抜き出して、実践記録に発展できます。

同時に、連絡帳で書かれた事実をとおして、「子どもの変革の可能性」を保護者と共有することもできます。

そんな連絡帳から取りかかってみたら、いかがでしょうか。

## ◆官製の報告にも一工夫を

先の、連絡帳は、その気になれば、取りかかれることです。

では、もう少し努力が必要な、「書かざるをえない研修会の報告」などは、どうでしょうか。これも、一工夫したいものです。

従来からある形式のままに、「はじめに」「児童の実態」…「まとめにかえて」などで書きすすめるのを、ひとまずやめてみるのです。

そして、「頭を床に打ちつける俊作」、「『1＋1、答えちがうよ』で涙ぐむ里美」など、子どもの姿が浮かんでくるような小見出しに変えます。

さらに中身も、子どものエピソードをできる限り登場させる書きぶりにしてみたらどうでしょう。

一昨年、私は、半ば官製の東海地区のろう教育研究会で重複障害の子どもたちの劇づくりの発表をしました。

題は、「学習発表会は成長発表会」で、香織のお母さんの連絡帳のことばからもらいました（「学習発表会は、学習発表会、というより、子どもたちの成長発表会でしたね」）。

小見出しも、「はしゃぐ友だちを静める俊作に歓声」、「小ぶりな演技は、他者を意識した昇太の成長の証し」などとしました。

――どこにむけての報告であっても、事実をあげて、子どもの姿が浮かびあがってくるような文章を書こうとする努力のなかで、子どもをとらえる眼が育ってくるのです。

書けばいいのではありません。「連絡帳」や「研修会での報告」など、私たちが、さまざまに「書く機会」を生かして、「書くことが、子どもをゆたかにとらえることと結びつくものでありたい」と思います。

## 〈テーマ3〉事実を切り取る力

「子どもの事実」を切り取る力はどうすれば身につきますか。

### ◆勘もコツも磨かれていく

子どもの事実をどう切り取るか――それは勘やコツだ、と言う人もいます。たしかに、その瞬間をとれば、そう言えるかもしれません。しかし、その勘やコツもまた、経験や学習によって、少しずつ磨かれていくのではないでしょうか。

聴覚障害で「多動」の茂（小四）は、かつて、ボーリング場で、直接ピンを倒そうとして、レーンの上を走っていった。その彼が今、私の手を引いて、遠足の列から離れる。（自販機のジュースだろう）、と私は、とっさに判断し、隣の先生にサイフをあずけて彼に従う。案の定、自販機のお金の投入口に私の手を近づける。私はそのとき、思いつく

茂とクリスマス会で

ままに、ズボンのポケットを一つずつひっくり返す。「気持ちはあるけど、お金がない。気持ちはあるけど…」とつぶやきながら。全部ひっくり返して、いかにも何もない、と手をヒラヒラさせたら、茂が、スーッと列に戻っていく。あたかも、（なぁんだ、お金がないのか）、とでも言うように——。

茂の、あの行動を促したものは何だったのか、私は遠足のあとも、その疑問をずっとあたため続けていました。そして、こんな文に出合ったのです。

「大人に受けとめられて、気持ちが落ち着いたときにはじめて、子どもには周囲の状況に目を向け、状況認識とくぐりぬける余裕が出ます」（神田英雄『〇歳から三歳』全国保育団体連絡会）

茂は、自分の思いが、私によって、いったん受けとめてもらえた。だから、サイフがないという場面に直面して、一挙に視野が広がり、（あっそうか、お金がないのか）、と納得し、行動を切り換えたのでしょう。もし私が最初から、「ダメだ」と拒否すれば、「行く—行かない」の膠着状態に陥り、パニックを起こしていたにちがいない。

私は、子ども理解の一つの秘訣は、「早わかりしないこと」「こだわり続けること」だと思っています。

かつて私は、自分が不器用であることに劣等感を抱いていました。けれども、(不器用であってもいい。不器用だからこそ、「こだわり続けた」のだし、わかったときは、ストンとわかる)——今にして、ようやく、そうも思えるようになってきたのです。

## ◆二つの本の読み方

先に、子どもの事実に、〝こだわり〟つつ、本を読んだと記しましたが、私の本の読み方は、大きくは二つです。

**①——アンテナを広く、高く張って**

障害や発達に関する本を読むだけでなく、今の子どもたち(障害の有無をとわず)を全体的にとらえようとする見方は、障害児を根底から理解するうえで、欠くことはできません(例えば、高垣忠一郎『生きることと自己肯定感』新日本出版)。

第一章の二節で福井さんの実践をまとめ直す折、「放課後に問題が集中している」ことに着目したのは、『高校生をどうとらえるか』(高生研、明治図書)の「文化としてのからだ」という視点がベースになっています。由美は、一見、ことば巧みに見える。けれども、「からだを通して」他者とかかわる力に弱さを抱える彼女は、友だちと直接ぶつからざるを得ない放課後に、問題が頻発していたのです。

日常的な幅広い学習は、実践の大枠を組み立てるときや実践記録の構想を立てるときに生きてきます。

また、この「広く、高く」は、私にとって〝趣味的〟ともいえる、映画・美術・音楽の本も入ります。人間や自然・社会を深くとらえるこの分野の本によって、一挙に目が開かれるときがあります。

木下順二氏は『巨匠』（福武書店）で「ドラマにおける発見は…箱があって蓋（ふた）を取りのけたら中にはお菓子があることを発見した、そういうことではない…発見したら発見者自身が自分を否定してしまわなければならないような発見、それが、ドラマにおける発見」だと述べていました。私はここから、本の題『教育実践は子ども発見』をいただきました。

私たちも、（ああ、この子はこんなことを考えていたのか）、とその子を発見したら、大人としての出方を変えざるをえない――それを、「真の子ども発見は、大人の自己否定、自己変革をともなう」と言ってみたのです。

**②――目の前の子どもの行動に、徹底して〝こだわる〟**

もう一つの読み方は、知識一般としてではなく、「私の目の前の、○○君の、あの行動をどう理解、説明するか」に、しぼり込んでいくような読み方です。

――「やらんでもいいことをする」陽一は、「モノに誘発される」弱さを抱えていた。

（序　勅使千鶴『子どもの発達とあそびの指導』ひとなる書房）

――俊作と昇太の二人の育ちは、ぶつかることによって、他者を知り、自分を知る「育ちの弁証法」そのものだった。（山本健慈論文、『ちいさいなかま』二〇〇〇年一一月増刊号）

最後に、学習に関して、一つだけつけ加えます。

とかく、官製の研修会などに出かけると、「○○すべきだ」「ねばならない」の項目が並べたてられます。そこから、（自分は人工内耳のことも知らない…）など、自分のいたらなさにのみ目がいき、焦燥感がかきたてられます。いわば、学ぶことで、みじめになる。私たちはもともと何から何まで知ったうえで実践をすすめることなどできないのです。

静岡の養護学校で講演をしたあと、こんな感想を寄せていただきました。

「（そうなんだよ）と納得する部分が半分。（そうだったのか）と悔いる部分が半分。自分も話の中に加わっている感じでした」――そのとおりだと思います。

学ぶことは、（自分は大わくにおいて、まちがっていなかった）、（よし、これからも、このことだけは大切にしていこう）、と自分の歩みに確信をもち、次の一歩へとみずからを励ますことではないでしょうか。

## 〈テーマ4〉集団での実践のまとめ

「私は――」という主語を入れる、と言いますが、「集団での実践のまとめ」はどうするといいですか。

「障害児学校では、複数で授業に取り組んでいる」「寄宿舎などでは、交代で実践にあたっている」――そんななかでは、自分一人で行っている実践をまとめるのとは、少し異なる配慮が必要かもしれません。

けれども、実践記録のまとめ方の基本は、個人の実践と同じです。

①――それぞれの実践者が、ひとまず、自分の眼で見た事実をもとに綴る（同じ取り組みであっても、実践者一人ひとりに見えている事実は異なるはずです）。

②――それらを、話し合いの場に出し、ふくらませながら、記録を完成させていく（最終的には、個人の責任で、文章がまとめられることも多いでしょう）。

――「複数の眼で見る」、ここが個人の実践とちがうところであり、また、おもしろさが生まれるゆえんでもあります。

## ◆「冷蔵庫」の取り組み

先頃、なかまの里（ろう重複の障害者の生活施設・大阪）の職場研修会で、集団の実践を検討することの醍醐味を味わいました。

報告は、「冷蔵庫」の取り組み。

（えっ、作業で、冷蔵庫を作っているのか）、と一瞬思ったりしました。ちがいました。「なかま」の部屋に、冷蔵庫を入れる、という実践なのです。（ちなみに、ここでは、入所している障害者を「なかま」と呼び、自分たち職員を「援助者」と称しているところに、実践への姿勢が現れています）。

援助者中村さん（仮名）は、なかまのAさんを例に話をします。冷蔵庫を入れるにしても、部屋が散らかっている…。Aさんは努力して部屋をきれいにします。けれども、冷蔵庫の中には、ピーナッツバターだけが大量に入れられ、パンにたっぷりとつけてしまう毎日。糖尿病の心配が…。ここから、冷蔵庫問題は、健康管理の問題になり、健康学習会へと発展します。

Aさんのみならず、多くのなかまの冷蔵庫の品物がいっこうに増えていかない。

そこから、（冷蔵庫の中に何を入れるか）は、実は、なかまの「生活を見通す力」と深くかかわっていることに気づいていきます。

Aさんの事例報告を受けて、他の援助者から、別のなかまの姿が、次々と出されます。

「Bさんは、ジュースを大量に買って、他の人に配っていた。そんな気くばりがみられるようになってきている」

「Cさんは、前々からメロンをほしいと思っていた。でも高いから、と二人で、買おうとする。といっても冷蔵庫がないときは、すぐに食べなくてはならないから、相手とも話がつきにくかった。冷蔵庫が入ったことで、すぐに食べない人とも折り合いがつくようになった」

――などなど、他のなかまの姿が、Aさんの報告に重ねられることで、この「冷蔵庫」の実践が、まさに、生活施設ならではの、発展性のある、おもしろい取り組みであることが明らかになってきます。

集団での取り組みの強みは、「同じ場面を『複数の眼』で見ることができる」ところです。

学習発表会の重複学級全体での劇「さるかに」のとき――。

「昇太の、本番のさるの演技って、練習のときより、小ぶりだったね」

交通安全指導

「それって、昇太が、お客さんを意識して、いたからだ。あの〝自然児〟昇太の、以前とくらべるとずいぶん変わったね」

――そうした、「それぞれの気づき」を声に出し合うことで、実践の総体・本質が見えてきます。とはいえ、「そんな教職員集団になっていない」と、思いがちです。いや、逆なのです。子どもの事実を共有し、共感し合うことによって、教職員集団そのものが形成されていくのです。

## ◆親の思いをくみとる

子どもたちにかかわる多様な大人のありようということで、保護者とのかかわりについてもふれます。

私はいつも、誰かの記録をまとめたら、公表する前に、保護者に読んでもらいます。

二〇年ほど前、幸子のお母さんからこう言われました。

「中身には同意できない。でも、発表したいということであれば、かまわない…」

私がことばの土壌としての「人間関係」を大事にしようとしていたのに対し、幸子のお母さんは、ことばそのものを求めていたことのズレでした。

（発表そのものをやめようか）、とさえ思いました。

このときから私は、「親の思いを深く受けとめ、教育的に組織する」という視点を大事にするようになりました。

二年前までは、一〇分も座っていなかった、という昇太のお母さんが、四月早々、「先生、宿題は？」とたずねます。

（ええっ、この昇太に宿題…）、正直、そう思いました。でもちがうのです。落ち着きのない子だからこそ、（せめて、少しでも学習にむかうような子になってほしい）――そんな親の願いを、「宿題を」ということばに託したのではないでしょうか。宿題を出すことが、お母さんの願いに応えることではなく、「落ち着く力を、昇太の内側に培うこと」こそ、私の仕事でした。

――わが子が少しずつであっても変わりつつある姿は、親にしてもうれしいこと、誇らしいこと。

――内面がゆたかになることと、ことばが「できるようになる」ことは、本来結びつくこと。もっと日常的に、事実に即して、伝えていたら…。

（今なら幸子のお母さんにも同意してもらえるかもしれない）。未熟な対応しかできなかった若い頃を、申しわけのなさと無念さの入り混じった気持ちで思い起こすのです。

## 〈テーマ5〉実践記録の読み方

他の人の実践記録をどう読むといいですか。

### ◆客観的な読み方・主観的な読み方

すぐれた実践記録を読んだり、報告を聞いたりすると、(いいなぁ) と思います。けれども、私たちは、「すぐれた実践記録」だけを問題にしなくてもいいのです。むしろ、受け手の、読み取り・聞き取りようによって、すぐれた実践記録になっていく、と言いたいのです。

特に、私の言う、「子どもの姿が浮かんでくる」ような記録の書き方に慣れていない人は、「児童の実態」「指導の構え」…などの形式で、書きすすめがちです。

報告そのものを聞けば、子どもとのやりとりで、すてきな場面があるのに、記録では書き落としていたり、一、二行でさらっとふれているにすぎなかったりします。

そんなとき大切なことは、字面だけを読まないで、聞き手が、記録を手がかりに、話を引き出し、ふくらませながら聞くことです。

記録をとおして、実践そのものにふれていく、と言ったらいいでしょうか。

けれども、その実践記録へのふれ方にも、私は、二つの視点があるように思います。

①――客観的な見方、読み方

②――主観的な見方、読み方

①――その実践や記録が、どのように客観的にすぐれた中身や視点を持っているか、は基本的なおさえとして、欠くことはできません。

②――けれども、同時に、もう一つの目、「主観的な見方・読み方」が大切です。実践や記録を、「よい」とか「悪い」とかを第三者的に評価するだけでなく、(この実践者がなぜ、この実践をしようと思ったのか、あるいは、この記録をどんな思いでまとめたのだろうか)と、推し量りながら、読み・聞くのです。

いわば、実践者の側に身を寄せながら、です。それによって、サラリと読み流されてしまいそうな記録も、その値打ちが内側から浮かびあがってくるのです。

研究会で、先の、客観的な眼=実践の到達点からいえば、未熟とも言える若い人の実践あるいは実践記録が感動を呼ぶのは、「子どもにむかう志の高さ」や「実践への真摯な姿勢」が、受け手の心を打つからです。

## ◆実践報告は問題提起

愛知の養護学校教員永田さん（仮名）の例をあげてみます。

彼は、千葉の障害児学級（主として知的障害）で、何年か教えたあと、愛知の肢体不自由養護学校に赴任しました。肢体不自由養護学校全国最大のマンモス校の第一印象を彼は、「名古屋駅の雑踏にいるようだった」、と言います。

彼は、一時、自分を見失いそうになります。「子どもや職員の多さ」「障害のちがい」だけでなく、愛知の管理の強さも彼を困惑させる一つの要因だったのではないでしょうか。

そのなかで彼がつかんだものは音楽——かつて、障害児学級で、曲を作り、子どもたちと歌い合っていた。それを思い起こし、養護・訓練（現在の自立活動）のとき、自分の作った歌に合わせて子どもたちの手足に触れていった。

「♪小指、赤ちゃん…」

いつしか、子どもたちから笑顔がこぼれるようになってきた。

この実践をもって彼は、全国の教育研究集会（組合）に参加します。

おおきなかぶ

（音楽として発表するか）、あるいは、（悩みの過程から生まれた自分の実践として発表するか）――彼は私たち仲間との話し合いをふまえ、「一人の教師が、音楽をとおして、自分自身をとりもどしていった過程として」報告しました。

困難な中で、実践を切り拓いていく一つの典型的な実践として、参加者から多くの共感が寄せられたのでした。

ともすると私たちは、記録や報告にたくさんのことを盛り込もうとしがちです。けれども、それによって逆に、言いたいことが不鮮明になります。実践報告は、本来、問題提起なのです。

## ◆仲間の力をかりて読み解く

記録は、一人で読み取れないことでも、集団で検討し合う中で、その実践の実態に近づくことができます。

『高校生をどうとらえるか』（高生研、明治図書）の中の座談会で、竹内常一氏が、「非行」の生徒が話題になっているとき、「声なんかどうですか」、とたずねているところがあります。「体をひらいて心をひらく」という視点を十分もちえていなかった私は、(そんなところに注目するんだ)、と新鮮な印象をもったおぼえがあります。

集団での検討の中では、報告者の意図とは別の角度から、参加者の発言がなされ、それによって、思いがけない展開になる場合があります。そこがまた、集団での実践検討のおもしろさでもあります。

他者の発言で、新たな目のつけどころを知り、論議の展開そのものを楽しむ――こうした蓄積が、私たちを実践者としてゆたかにしてくれます。

かつて私は、若い頃、千葉の教師であった深沢義旻さんの後ろにくっつくようにして研究会に出ていました。

誰かが報告する。そのとき私は、深沢さんがどこでうなずき、どこで首をかしげるかを見逃すまい、と「報告者」と「レポート」と「深沢さんの表情」とを交互に、見比べながら、聞いていたことを思い出します。文章に書き表されていないものまで、「深沢さんの表情」を手がかりに、読み解こうとしていたのでした。

実践記録を書くときは仲間の力をかりて。それと同じように、実践記録を読み解くときも、仲間の力をかりて――、そのなかで、実践の実像に迫っていくことができます。

〈おわりに〉

# 管理主義の嵐の中で、私を支えてくれたもの

今、なぜ「実践の記録」なのか——私の思い入れは、二〇数年前の出来事と重なります。

「君が代を歌わなかった者は立て！」

卒業式直後、〝臨時の〟職員会議が召集され、校長がそう言い放って、職員室を出ていった。

一九八二年三月、愛知の私の職場でのことだ。

四月、校内組織は大きく変えられた。これまで希望で入っていた校務分掌は、すべて任命に変えられた（Aさんは教務部の教科書係、というように）。組合員はことごとく、教務部や生活指導部からはずされ、新たに置かれた環境美化部という掃除係に入れられた。

だが私は、入るべき校務部すらなかった――。校務部会のある日、私は朝から学校に行くのがつらかった。私と教頭だけが職員室に残ることを思い浮かべるからだった…。

私が用事で事務室に行く。

すると、事務長が、新しく転勤してきた職員に、メモを、すっと渡す。

「竹沢要注意人物」


差別と排斥の日々――。

二〇年以上たった今も、当時をありありと思い出すことができます。

管理主義の嵐の中で、私は何によって自分を支えていたのか――。

四つでした。

「学習」、「仲間」、「子ども」、そして「実践記録」。

① **学習**――当時私は、大企業の差別と闘っている人の記録や戦前の生活綴方教師の記録を読み続けました。そのなかで、「いつの時代も、民主主義は闘いの中でおし進められてきた」、との確信を得たのです。私が直面している困難も、その過程での一つの出来事、と自分を位置づけることができたのです。

②**仲間**――職場で排斥されていても、私には、県内や全国に仲間がいました（サークル・組合）。依存しつつ自立―それは、障害児だけでなく、教師である私も同じことでした。

③何よりも**子ども**――どんなに管理が厳しくても、私の目の前には子どもがいた。そして、どの子も変わる。それによって、私自身が励まされてきたのです（自分もすてたものではない）、と。

私を励ましてくれたとし子――

体育館では、すでに終業式がはじまろうとしていた。だがとし子は、入り口にたたずんだまま入ろうとしない。聴覚障害で、知的障害のとし子（高二）は、これまでの、世話をされ続けた生活の中で、主体性・能動性の乏しい子に育ってしまっていた。今も、他の生徒が先に座席に座っているからこそ、まわりに「たじろぎ」、中に入れないのだ。

長い躊躇の後、とし子は、自分自身に「ヨーイドン」と声をかけるように、両手をひろげ、走る構えをする。だが身構えたまま、いっこうに手をたたかない。そのうち、ふっと思いついたように教室に走っていく。ハンカチを取りにいくことで気持ちを紛らわせているのだ。

正面では、校長の話がはじまっている。だが、戻ってきたとし子は、あいかわらず身構えたまま。ようやく両手をたたいた。だが、足は動かない。手だけパチンパチンとたたいている。五、六回もくり返した後、ひょいと一歩、体育館に足を踏み入れた。入った！

そのまま、座席に近づく、私はそう思った。だが一歩入ったその場から動かない。そのうち右手を上げ、後ろにいる私を制するようなしぐさをする。私に「待て」、というのだ。そして、人さし指を一本立てる。「一人」という意味だ。そうか、「自分ひとりでいくから、先生手を出すな」と言っているのだ。

式はすでに終わって「諸連絡」に移っていた。だがとし子は、先ほどの手順をはじめからふむ。走る構え、「ヨーイドン」、二歩だけ前進。だが、そこからは動かない。また、「待て、待て」、「一人、一人」、「ヨーイドン」…。

とし子の今の力では、一度に二歩しか進めない。だが、確実に二歩は進む。とし子は、七回、八回と同じことをくり返して、けんめいに自分の座席に近づいていく。とし子、見事だ！

私という仲間を支えにして、「一人でだぞ」と自分に言い聞かせながら、みずからの力で、発達の可能性を切り拓いていく。それが発達というものなのだ。私は胸を熱くして、とし子の後ろ姿を見守っていた。

④ **実践記録**――子どもが変わる、そのためには、子どもをとらえる「たしかな眼」が求められます。子どもの事実を綴ることは、子どもを束で見る見方から、みずからを解き放ち、「小さな事実の中に、大きな人間的な価値を見つける」営みでもありました。

施設の実践にかかわって、浦辺史先生（元日本福祉大学）がこう書いておられます。

「……記録を書く上で、いま一つ大切なことがあります。実践の記録には、これらをつらぬく一筋の糸が通っていなければなりません。

それは、実践記録を書こうとする意欲を持続させる貧しい者や不幸な者への同感、ひろく労働者階級への共感です。少なくとも、社会的不幸を背負った人々の状態を描くためには、このことがあるか、ないかが、実践記録の成否を決めるともいえるでしょう」

実践記録の根底に流れる思想を教えられた思いでした。

改めて、「今、この子のことがわからなくても、わかりたい、と思い続けることの証し」として実践記録をとらえたいものです。

この書が、教育・保育・福祉の現場で、苦闘している仲間と、子育てに憂いと悩みを抱えておられるお父さん・お母さんへの、一つの「応援歌」として受けとめられるならば、それにまさる喜びはありません。
最後に、宮本憲一氏（元滋賀大学学長）が紹介していることばで、私の自戒ともしていることばを記します。

足元を深く掘れ、そこに泉涌く（ニーチェ）

〈解説にかえて〉

# 竹沢さんは、教育をとおして人間ドラマを書き、同時にそれを見事に演出していく人

中野　光

〈はじめに〉

竹沢さんのこの本の原稿を拝読して「これには『解説』などはいらない。下手な『解説』はないほうがいいし、何よりもこの本全体にみごとな解説がふくまれているのだから」と思いました。でも、せっかく私に執筆の機会を与えてくださったわけですから、竹沢さんの仕事に触発されて、私の考えたこと、感想などを書かせてもらいます。

## 一、「教育実践」ということばの重さ

今から考えると、意外に思われるかもしれませんが、日本の近代教育史において、少なくとも「明治・大正期」の教育界には、教育現場でも教育学研究でも、「教育実践」とか「実践」という

ことば（概念）はほとんど使われていませんでした。たとえば、日本の教育学の古典的名著ともいうべき澤柳政太郎著『実際的教育学』（一九〇九年）にしても、今ならば「実際的」というよりも「実践的」といってよい内容ですが、その頃（明治期の終わり頃）には「実践的」ということばは未成熟でした。

また、戦前の昭和期、一九三六年から四年間にまたがって岩波書店から刊行された全五巻から成る『教育学辞典』にも「教育実践」ということばは項目にはありませんでした。

いったい、「教育実践」ということばは、いつ頃から、どのような意味で使われるようになったのでしょうか。

私が調べた限りでは、それは戦前の一九三〇年代の半ば頃から、教育学者からではなく、初等教育にたずさわっていた、いわば無名の教師たち、とくに生活綴方の教育とか、生活教育運動といわれる教育研究運動に参加した教師たちによって使われ、普及したことば（概念）でした。十年ほど前、一九九四年に作家の故三浦綾子さんが『銃口』という文学作品で描かれた「北森竜太」が小学校の教師になった一九三七年頃のことでした。当時、時代の流れを鋭く見つめ、進歩的教育評論家として注目されていた上田庄三郎（一八九四―一九五八）は、一九三四（昭和九）年に著わした『激動期の教育構図』の中で次のように述べました。

「『実践』は現代教育の標語であるとともに、現代社会の合い言葉である。『践』の一字が最近には盛に生彩を帯びて来たようである。

従来、『教育の実際』などと用いられた実際という言葉が、何となく迫力を失い、新に『実践』

という意志的な言葉が愛用されるのは、時代への動きを表している。そこには教育研究態度の自らなる自己批判が見える。」

たしかに、「践」という文字には「大地を踏んで自分で立つ」という意味があります。上田は当時の日本が軍国主義への道に踏みこみ、教育の刷新とか改造が上から叫ばれていたことに批判的で、日本の教育の実体はむしろ「未曾有の空白時代」だ、と見抜いていました。それだけに、若い教師たちの間に、国策とはちがった教育を、地域に生きている子どもと向き合い、現実に即した教育を、自分たちの力でおしすすめつつある動きのなかに、「実践の主体」としての成長を認めていたのでした。

そのような教師たちは、各地で自分の「実践」を語りあい、その記録を綴り、交流しあいました。教育実践史というものはそこから始まったのでした。その代表的著作は一九四〇年に発刊され、ベストセラーとなった平野婦美子著の『女教師の記録』でした。

教育実践史の第二期は戦後一九五〇年代に訪れますが、その代表作は無着成恭編の『山びこ学校』、小西健二郎の『学級革命』などでしょう。それ以降の日本の教育は、実践記録をぬきにしては考えられません。そこには豊かな遺産の集積があるからです。私はいま、政府や財界と行政主導による「教育改革」が、そうした遺産をブルドーザーで荒々しくひっくりかえすように荒らしていくことを憂うるものです。

## 二、竹沢さんとの共同研究の場——日生連「石川冬の研究集会」

本書の第三章のはじめに、竹沢さんは「私の実践記録史」を書いています。そこでは「せっかく書いた実践記録を出さなかったことが、三回もある。……出して批判されるのが怖かったのです」と告白しています。

実は私もその研究会のメンバーで、竹沢さんが参加された六〇年代の終わりからずっと同じ分科会だったと思いますので、竹沢さんにしてそんなことがあったのか、といささか意外でした。やはり、あのサークル、あの研究会も「未熟」だったのだ、と思います。

会は一九六五年の暮に、当時日生連（日本生活教育連盟）に加わっていた私をふくむ数名のメンバーが、千葉の故深沢義旻さん（一九三〇—一九九〇）を招いてスタートしました。参加者は各自でレポートをもって参加する、というのが不文律の原則で、その伝統はずっと今にいたるも生きています。毎年の暮、金沢の湯涌温泉・かなやを会場に開かれる一泊二日の合宿研究会は、楽しいけれどもきびしい研究会でした。私は一九六九年の春に金沢大学から東京の和光大学に転任して金沢を離れましたが、この冬の研究集会（現在は約一〇〇名の参加者）には毎年参加してきました。多分石川サークルの人たちのいきなはからいのおかげでしょうが、竹沢さんと私とはコンビで「学校づくりと子ども」の分科会の共同研究者としての役割を果たしてきました。私にとっては竹沢さんからも学ぶ絶好の機会でした。

二日間で数本の実践報告をみんなで聴いて、各自が質問を出し合い、課題を明らかにしつつ討論する、というのが分科会（メンバーは一〇人前後）の〝作風〟ですが、そこでは「実践主体」としての教師の子ども観が問われます。子どもを一般的にとらえないで固有名詞で呼ぶことは教育実践者の原則です。また、子どもを「生活者」としてとらえることも、その子どもの内面世界を洞察することも重要な課題になります。竹沢さんの発言は自らの実践に即して具体的であると同時に論理的です。発達の原動力は子どもの内なる要求である、という竹沢さんが唱えた原則はいまではこの研究会でも共有されているはずです。

最近の私は、どんな報告でも文章化されたものでも、そのなかに“光るもの”を発見し、評価しあうことが重要だ、と考えています。現在の日本の教育全体にまずしくなっているのは「賞賛の文化」です。それと同時に大切なものは「批判しあうこと」です。「賞賛」と「批判」が実践を発展させるはずです。かつての竹沢さんがレポートを出しそびれたのは「石川冬の研究集会」にこのような作風が育っていなかったからだろう、とも思いますし、これからの実践の発展のためにも、こうした問題意識が常に求められると思われます。

## 三、教育の勝利

それにしても、竹沢さんの実践記録の圧巻は、本書の第三章「〝天敵〟がかけがえのない友に変わるとき」です。

本書で竹沢さんは私が言った「実践記録の題は実践者の思想を表現する」ということばを紹介してくれていますが、竹沢さんのこの題こそ一つのモデルになるのではないでしょうか。

〝天敵〟とはここでは俊作と昇太の関係です。二人のそれぞれがどういう子どもであるのかは、はじめのページを読めばイメージが浮かびますが、竹沢さんは俊作に「ガラスの少年」、昇太に「自然児」というあだ名をつけます。これも〝うまい〟と思いました。

そして重要なことは、二人をドラマの主役だとすれば、〝天敵〟を友に変えるうえでの脇役が登場することです。それぞれのお母さんと香織という子どもです。さらにこのドラマの舞台には水や動物、遊具があり、音楽が流れます。

運動会の状況――

「俊作がゴールに飛び込む。『勝った！』私は彼の頭を抱きかかえた。小一の彼を知る誰が、今日の姿を予測しえただろうか。――これは、白組の勝利などではない。これまでの教育の勝利だ」

私は優れた演劇の脚本を読んだときの感動を想い出しました。竹沢さんは教育をとおして人間ドラマを書き、同時にそれを見事に演出していく人でした。教育実践を綴るとはこのようなことなのだと思いました。

なかの　あきら／日本子どもを守る会会長、日本生活教育連盟（日生連）委員長。第一三回ペスタロッチー教育賞受賞。

〈参考文献〉

**①実践記録の意義や書き方全般**

・本荘正美『新たな自分に出会うとき』（新読書社）、大泉溥『生活支援のレポートづくり』（三学出版）――ともに障害児教育の実践がベースになっています。

**②文章の書き方**

・樺島忠夫『文章作法事典』（東京堂出版）――通しで読んでもよく、項目ごと（例「取材」「構想」など）で、ひいてもいい、便利な本です。

・水野麻里『プロの書き技』（新風舎）――「イメージを伝えるとわかる文になる」ということが、簡潔に、的確な実例とともに記されています。

**③実践記録**

・佐藤比呂二『自閉症児が変わるとき』（群青社）――徹底して子どもに寄り添おうとする志の高さが生み出した、感動的な実践の記録。

・竹沢清『子どもの真実に出会うとき』『教育実践は子ども発見』（ともに全障研出版部）――実践をすすめるときの参考としてだけではなく、「記録」の具体例としても読んでいただけるとありがたいです。

**④その他**

・斎藤茂男『事実が私を鍛える』（太郎次郎社、後に岩波書店。残念ながら、現在は絶版）――すぐれたルポルタージュを残した斎藤氏の、事実をとらえる姿勢から、多くのものが学べます。

たけざわ　きよし／1946年、石川県生まれ。名古屋大学経済学部卒業後、障害児教育をまったく知らずにろう学校へ。以来2007年春の定年退職まで、ろう学校に勤務。愛知県高等学校教職員組合障害児学校部、全日本教職員組合障害児教育部では役員を長年担う。現在、日本生活教育連盟会員、全障研愛知支部委員。
家族は、妻、長男、長女、次女の５人。
著書『人間をとりもどす教育』（民衆社）、『子どもの真実に出会うとき』『教育実践は子ども発見』（全障研出版部）
住所　〒492-8453　愛知県稲沢市今村町郷 171-2
TEL/FAX　0587-36-3346

# 子どもが見えてくる実践の記録

2005年 5月25日　初版第 1刷
2021年 10月25日　　第12刷

著　者　竹沢　清
発行所　全国障害者問題研究会出版部
〒169-0051　東京都新宿区西早稲田２－15－10
西早稲田関口ビル４F
電話 03－5285－2601　FAX.03－5285－2603
www.nginet.or.jp

印刷所　ティーケー出版印刷


ISBN978-4-88134-244-2
定価はカバーに表示してあります。

# 子どもの真実に出会うとき

●竹沢　清

本体一五〇〇円

――私がこの本の中で明らかにしたいと思ったことは、「子どもをどうとらえるか」「指導するとは、どうすることなのか」、の二つです。

★九一年『みんなのねがい』連載を単行本化

★解説　茂木俊彦

---

# 教育実践は子ども発見

●竹沢　清

本体一五〇〇円

――実践の節々に出会う諸問題（問題行動、集団、父母との共同など）に、教師としてどう対応するといいのか…教師が実践主体になるとき

★九九年『みんなのねがい』連載を単行本化

★解説　丸木政臣